Das Pferd im Dienste des Isländers zur Saga-Zeit

SEVERUS Verlag

Schoenfeld, Emil Dagobert: Das Pferd im Dienste des Isländers zur Saga-Zeit. Eine kulturhistorische Studie. Aus Fraktur übertragen. Aus Fraktur übertragen. 2011

Neuauflage der Ausgabe von 1927
ISBN: 978-3-86347-114-9

Umschlaggestaltung: SEVERUS Verlag

Bibliografische Information der Deutschen Nationalbibliothek: Die Deutsche Nationalbibliothek verzeichnet diese Publikation in der Deutschen Nationalbibliografie; detaillierte bibliografische Daten sind im Internet über https://dnb.de abrufbar.

Der SEVERUS Verlag ist ein Imprint der Bedey & Thoms Media GmbH,
Hermannstal 119k, 22119 Hamburg

SEVERUS Verlag, 2011
http://www.severus-verlag.de
Gedruckt in Deutschland
Der SEVERUS Verlag übernimmt keine juristische Verantwortung oder irgendeine Haftung für evtl. fehlerhafte Angaben und deren Folgen.

Emil Dagobert Schoenfeld

Das Pferd im Dienste des Isländers zur Saga-Zeit
Eine kulturhistorische Studie

MIX
Papier aus verantwortungsvollen Quellen
Paper from responsible sources
FSC® C105338

Sr. Hochwürden
Herrn Peter Severin Nyeborg zu Kopenhagen,
dem treuen akademischen Jugendfreunde,
gewidmet
von dem Verfasser.

Einleitung.

Im Jahre 1755 erschien von einem Isländer Johannes Ericus in Kopenhagen eine disquisito de Philippia, sive amoris equini apud priscos Boreales causis in vier Sektionen und 28 Paragraphen abgefaßt. Wie die Aufschrift besagt, will der Verfasser das Pferd darstellen, nicht in Beziehung auf den engeren Kreis seiner Landsleute, sondern der Nordländer überhaupt. Und er faßt hier besonders auch nur eine Seite ins Auge, die Pferdeopfer und die Pferdeorakel.

Mit dem zu jener Zeit geltenden Apparate des Wissens spricht er eingehend über das Leben der Spartaner, Massageten, Aethiopen, Armener, Inder und Perser und deren übereinstimmende Liebe zu den Pferden. Ja, er zieht in den Kreis seiner Betrachtung auch die Sonnen-Pferde, welche einst der jüdische König Ammon im Tempel zu Jerusalem füttern ließ, und selbst die feurigen Pferde, gespannt vor den Himmelswagen des Propheten Elias. Nach diesen weitläufigen Exkursen weist er nach, wie die Liebe zu den Pferden von den asiatischen Völkerschaften zu den Germanen und Borealen gekommen sei mit dem aus Osten her in die Nordlande einwandernden Óðinn. Den aus Pferdefleisch bestehenden Opfermahlzeiten der Borealen gewinnt er eine doppelte Seite ab, nämlich, daß sie zunächst zur Darstellung gebracht hatten die Tischgemeinschaft der Menschen mit der von ihnen im Opfer angesprochenen Gottheit, und sodann, daß sie als politische Beruhigungsmittel gedient hätten für die Mitglieder der Opfergemeinde selbst.

Dagegen die Verwendung des Pferdes als Wirtschafts- und Luxustier auf den Höfen der Isländer wird nur ganz flüchtig gestreift. Ebensowenig findet der dort so eifrig betriebene Sport der Pferdekämpfe eine irgendwie eingehende Behandlung.

Die aus den Urkunden gegebenen Belegstellen sind nicht zahlreich und nach dem damaligen Stande der Textkritik auch wenig korrekt.

So konnte es denn nicht überflüssig erscheinen, nach einem Verlauf von 150 Jahren, diesen Gegenstand noch einmal zu behandeln, in der Absicht, durch eine eingehende Darstellung der Einführung, Vermehrung und Pflege des Pferdes auf Island, sowie besonders seiner praktischen Verwertung als Wirtschafts- und als Luxustier auf den Isländischen Bauernhöfen ein möglichst vollständiges Kulturbild aus jener alten Zeit zu gewinnen.

Die hier folgende Abhandlung ist geschrieben in Kopenhagen, dem Hauptsitze der altnordischen Wissenschaft, und unter Benutzung aller dort in so reichem Maße vorhandenen Quellen und wissenschaftlichen Hilfsmittel.

Nicht genug ist zu rühmen das liebenswürdige Entgegenkommen, mit welchem dort auch dem Ausländer alle diese Schätze zur Verfügung gestellt werden; und es ist mir ein Bedürfnis, besonders dem Bibliothekar der Kgl. Universitäts-Bibliothek zu Kopenhagen, Herrn Dr. Kristian Kaalund, für seine mir nach jeder Richtung hin bewiesene Güte, hier noch einmal meinen verbindlichsten Dank auszusprechen.

Kopenhagen, im Oktober 1899.

Der Verfasser

Vorwort

Bevor wir an die Darstellung unseres Gegenstandes gehen, dürfte es ratsam erscheinen, die termini technici über Pferde und Pferdepflege, welche in den Sagas der Isländer sich finden, hier zunächst zusammenzustellen[1].

Das Wort hestr (plur. hestar) und ebenso auch das Wort hross (plur. hross), gen. neutr., bezeichnen im Allgemeinen die Gattung „Pferd", ohne Rücksicht auf die später anzuführenden Artunterschiede.

In Bezug auf Geschlecht und Alter gelten folgende Bezeichnungen:

graðhestr ist der Hengst, oder, in zwei Worte auseinandergezogen, grað hestr soviel wie geiles Pferd.

geldhestr ist der entmannte Hengst (von gelda = schneiden), der Wallach; er wird aber auch an manchen Stellen kurzweg mit hestr bezeichnet.

merr (plur. merar) und das synonyme Wort hryssa (plur. Hryssur) bezeichnen die Stute, für welchen Begriff auch die composita merhross und merhryssi d. i. das Stutenpferd im Gebrauch sind. In der Dichtersprache jalda (plur. jöldur).

In Bezug auf das Alter bezeichnet folald (plur. folǫld) das Füllen in den ersten Wochen nach seiner Geburt, also das Saugfüllen und zwar stets ohne Rücksicht auf den Unterschied des Geschlechtes. In den späteren Wochen heißt das junge Tier dann:

foli (plr. folar), wenn es ein Hengst ist,

fylja und fyla, auch unghryssi, wenn es eine Stute ist.

Eine Pferdekoppel (stóð, plur stóð), welche stets als im Freien weidend gedacht wird, bezeichnet eine Gesellschaft von Pferden, an deren Spitze ein Zuchthengst steht; ihm zugesellt meist 3—4 Stuten mit ihrem gemeinsamen Nachwuchs, in Summa, der Regel nach, 12 Stück.

In Bezug auf die Verwendbarkeit unterschied man: reiðhestar = Reitpferde.

víghestar = Kampf - Pferde; wofür gelegentlich auch das allgemeine Wort stóðhestar = Zuchtpferd gebraucht wird.

verkhestar = Arbeitspferde.

Diese letzte Gruppe trennte sich wieder in klyfjahestar = Gepäckpferde, von klyf (plur. klyfjar), die beiden, dem Pferde über den Rüc-

---

[1] Belege bei Johann Fritzner, II. Auflage

ken geworfenen Bündel, welche dann seitlich herabhingen, also Gepäck; und eykir oder eykhestar =Zugpferde, von aka, fahren.

Diese Klassifikation bezeichnet zugleich in absteigender Linie die Wertbestimmung der Tiere und die nach ihr sich richtende Sorgfalt in Sachen ihrer Pflege und Fütterung.

Während des Sommers und meist auch während des Winters weideten, nach altgermanischer Sitte, die Pferde des Isländers im Freien, auf großen, grasreichen Flächen sich selbst ihr Futter suchend, bald unten in der Nähe des Haupthofes, bald oben an den Sennhütten (sel., plur. sel).

Und nur die besseren Klassen, als reiðhestar und víghestar wurden während des Winters in die Ställe aufgenommen und, dort gefüttert. Sie hießen in dieser Beziehung eldishestar, von ala = nähren, fettmachen; während die verkhestar sich auch im Winter ihr Futter draußen suchen mußten, indem sie mit ihren Vorderhufen den Schnee wegscharrten (krapsa), um zu der Grasnarbe zu gelangen. Nur bei sehr schlechtem Wetter trieb man sie, wenn sie nicht schon von selber kamen, an das Gehöft, oder an die Heuschober und es wurden ihnen dort Heubündel (heyvondlar) aus den hartgefrorenen Schnee hingeworfen (Bjarnas. Kap. 27). Darum nannte man diese Pferde, im Gegensatz zu den eldishestar, die klakahestar, von klaki, gen. klaka = hartgefrorener Schnee; also Eis-Pferde[2] (Bandamanna. pag 37).

Die Stallfütterung basierte wohl nur in seltenen Fällen auf Körnern. Als eine Merkwürdigkeit wird es in der Gullþóris-Saga Kap. 10 erzählt, daß der aus Götland stammende wertvolle Renner des Hauknefr var alinn á korni vetr ok sumar, gefüttert wurde mit Getreide im Winter und Sommer.

Diese sparsame Anwendung der Körner erklärt sich daraus, daß in dem zu nördlich gelegenen Island der schon von den ersten Ansiedlern[3] versuchte Getreidebau die Arbeit schlechterdings nicht lohn-

---

[2] pag. 456, Abschn. XII. Sitte, 1. scandinavische Verhältnisse (Valtyr Guðmundsson) des Grundrisses v. H. Paul. II. Auflage Straßburg 1898.

[3] Landnámabók I Kap. 6: „Enn um várit vildi hann (Hjörleifr) sá; hann átti einn uxa, ok lét hann þraelana draga arðrinn." Ef. Auch Njála, Kap. 53 und 110.

te, und selbst in dem viel südlicher gelegenen Dänemark, welches sich am besten für Feldwirtschaft eignete und den norwegischen Ackerbau weit überflügelte, doch der Getreidebau noch zu Beginn des 12, Jahrhunderts sehr gering war, und der Reichtum des Volkes auch hier hauptsächlich in Viehherden bestand, wie das Adam von Bremen bezeugt[4]): „In multis Nordmanniae locis vel Suediae pastores pecudum sunt etiam nobilissimi homines, ritu patriacharum et labore manuum viventes."

Hafer (katri) kam fast nie in die Krippen der Isländischen Pferdeställe, dagegen zuweilen Roggen (rúgr).

Für ein ebenso gutes Kraftfutter, wie Getreide, galt dem Isländer das „taða". Dieses war das beste Heu, gewonnen aus dem mit Dung (tað) besonders gepflegten Grasgarten (tún), der umhegten großen Wiese, in deren Mitte stets der Hof des Isländers stand.

In den Sagas wird demnach oft gesprochen von tööualdir hestar.

Es sind gemeint die im Winterstall mit diesem Kraftheu „taða" ernährten Tiere: Wir werden demnach diese Klasse am besten bezeichnen mit „Pferden unter Kraftfutter stehend".

Der Pferdestall[5] hieß hesthús oder hrossahús, ein länglich viereckiges Gebäude, durch dessen Mitte der Länge nach die Krippe, verbunden mit der Raufe, lief. Diese nannte man stallr (plur. stallar). Die Pferde standen demnach, an die Krippe gebunden, in zwei Reihen, die Köpfe einander zugekehrt.

In diese Raufen trugen die Knechte das Heu mittelst länglich viereckiger Körbe, aus Holzlatten zusammengeschlagen. Sie hießen heymeiss (plur. meisar).

Das Heu selbst wurde auf zweifache Weise aufbewahrt, entweder in einer Scheune (hlaða), oder in einem freistehenden Diemen, der, wenn er eine viereckige Form hatte, stakkgarðr, oder heygarðr, wenn eine konische Form, heyhjálmr (Heuhelm) hieß. Diese letztere war die beliebtere Form für diejenigen Heuhaufen, welche man auf den Wiesen bei dem „sel" stehen ließ. In allen Fällen aber wurden die Diemen zum

---

[4] Adami geat etc. Editio altera. Hannov. 1876. pag 179
[5] Valtýr Guðmundsson: Privatboligen paa Island i sagatiden, Kjöbenhavn 1889. pag. 254

Schutze gegen die eindringende Winternässe ringsumstellt mit Torfsoden, seitlich mit gedrungenen, würfelförmigen Stücken, oben mit dünnen in längliche Streifen geschnittenen Torflappen.

In Bezug auf die Färbung unterschied der Isländer zunächst nach der einheitlichen Färbung der Tiere:
 hvitr = Schimmel.
 svartr = Rappe.
 rauðr = Brauner.
 grár = Grauer.

Dann nach der Mischung dieser Farben:
 brunn oder brunsvartr = kohlschwarz
 jarpr = dunkelbraun
 skjóttr = scheckig (von ský = Wolke), demnach eigentlich „wolkicht".

Endlich kommen noch besondere Spielarten vor:
 móálótr = dunkelbraun mit einem schwarzen Streifen längs des Rückens, neben schwarzer Mähne und Schweif.

blesóttr = Grundfarbe schwarz oder braun mit einer weißen Blesse auf der Stirne.

hnǫkkóttr oder föxóttr = Grundfarbe grau mit schwarzer Mähne und Schweif.

bleikálóttr = Grundfarbe blaßgelb mit schwarzer Mähne und Schweif, dazu ein schwarzer Streif längs des Rückens. Die berühmte Stute Keingála (Gretl. Kap. 14) war von dieser Zeichnung.

fífilbleikr = gelb nach Art der Farbe des Löwenzahns (fífil, plur. fíflar = taraxacum officinale), einer in der Isländischen Flora noch heute häufig vorkommenden Pflanze. Auch der Ausdruck: ljósbleikr kommt für dieselbe Schattierung vor. (Gretl. Kap. 68,)

Von solcher Zeichnung waren die 5 Koppelpferde, welche Finnbogi von seinem Verwandten Þorgeirr zum Geschenk erhielt. (Finnb. s. Kap. 23.)

Aber am höchsten wurden auf Island geschätzt ganz milchweiße Pferde mit schwarz behaarten Ohren (Viga Styr s. Kap. 15); oder eine ebenso merkwürdige Spielart: „milchweiß", dabei braun die Ohren und die Stirnlocke. Von dieser Zeichnung waren die wertvollen Koppelpferde, ein Hengst und 3 Stuten, alle ganz gleich gezeichnet — (hann var hvítr at lit ok rauð eyrun ok topprinn, Laxd. Kap. 45) — durch welches Geschenk Bolli den erzürnten aber vergeblich, zu versöhnen suchte.

Dieses sind die Ausdrücke, welcher sich die Sagas bezüglich der Pferde, Pferdefarben und Pferdepflege bedienen. Die technischen Ausdrücke für das Aufsatteln der Packpferde, sowie für die Reinigung, die Ausrüstungsstücke und die Gangarten der Reitpferde, werden in Abschnitt 2 und 3 nachfolgen.

Abschnitt I

Des Pferdes Einführung, Anzucht und Bewertung auf Island.

So weit die Geschichte des Nordens zurückreicht, zeigt sie auch den Nordmann als Pferdefreund. Es ist dasjenige unter seinen Haustieren, obgleich Rinder und Schafe einträglicher waren, welches er doch am meisten liebt, am sorgfältigsten pflegt. Es wird erzählt von zwei sagenhaften Nordlandskönigen, Alrekr und Eirekr, Brüdern in geteilter Herrschaft zu Upsal, daß sie große Pferdefreunde gewesen seien und voll Eifer, wer von ihnen beiden die besten Pferde besäße und am geschicktesten dieselben zureiten könnte (Alrekr ok Eirikr váru íþróttamenn ... lögðu þeir á þat it mesta kapp, hvárr betr reið eða betri hesta átti. Jngl. S. Kap. 20. F. Jons. Ausg.)

Und wie weit in die Welt hinaus Kampfbegier und Wanderlust den Nordmann auch trieben, überall hin nahm er mit die Liebe zu seinen Pferden.

Ein sizilianischer Schriftsteller Gaufredus Malaterra, der dieselben in seinem eigenen Vaterlande gegen die Araber kämpfen und ein glänzendes Reich dort aufrichten sah, charakterisiert die Nordmannen mit folgenden treffenden Worten:

„Sie lieben Beredsamkeit und Pracht in Kleidern und Waffen; auch lieben sie Pferde und Jagd, besonders mit Falken."[6]

Als im letzten Viertel des 9. Jahrhunderts im Westen auf Irland die eingeborenen Kelten, sich ermannend, die eingedrungenen Nordmänner von ihren Küsten vertrieben, so daß diese gezwungen sich sahen, neue Wohnsitze zu suchen; und, als im Osten, im Reiche Norwegen, der Sieg im Hafrsfjörðr 872 für die Politik Haralds hárfagra Hálfdanarsonar entschieden hatte, welche dahin ging, das vielgeteilte Volklandskönigtum zu brechen, aber an dessen Stelle die zentralisierte Gewalt eines unbeschränkten Großkönigs aufzurichten, und viele der dort angesessenen Großbauern, ungewohnt und ungewillt, ihren Nacken unter eine befehlende Hand zu beugen, ohne Zaudern ihre Häuser abbrachen, um die Hochsitzsäulen ihrer Halle anderswo, wo noch die Freiheit wohnt, wieder aufzurichten: da tat sich für diese beiden suchenden Wanderströme, von Osten und von Westen herkommend, gerade zur rechten Zeit das neu entdeckte Island auf[7], von dem einer

---

[6] J.M. Strinnholm, Vikingszuege, Hamburg 1839. I. pag. 129.
[7] Den oldnorske ok oldislandske Litteraturs Histori af Finnur Jónsson II. P.

der ersten Besucher in schwärmender Übertreibung berichtete: drjúpa smjör af hverju strái á landinu, d. h. in dem Lande tropfe Butter von jedem Halme (Lndm. I. Kap. 2).

Die Landnámabók I. Kap, 1 nennt die beiden Pflegebrüder Ingólfr und Hjörleifr als die ersten festen Ansiedler Islands. Dieses für die Politik, und mehr noch für die Kulturgeschichte des Nordens so folgenschwere Ereignis wird gesetzt in das Jahr 874.

Die neu entdeckte Insel war fast menschenleer.

Nur einzelne weltflüchtige irische Mönche, welche seit dem Jahre 725 als Anachoreten[8] auf der zu Island gehörenden, südlich gelegenen Insel Papey (Landn. prolog.) ihre Hütten gebaut hatten, hausten dort, flohen aber beim ersten Nahen der Wikingerschiffe unter Zurücklassung von boecr írscar oc bagla d.h. von Büchern in irischer Sprache, Glocken und Krummstäben (Islbu. Kap. 1), weil sie nicht zusammen mit heidnischen Leuten wohnen wollten.

Ebenso leer war auch die Insel an Haustieren. Um nur von den Vierfüßlern zu sprechen, die Katze und den Hund, die Ziege und das Schaf, das Rind und das Pferd mußten die Einwanderer in die neue Heimat mitbringen, Und anfangs sah es leer genug von alledem auf ihren neu errichteten Höfen aus.

In der Egla, Kap. 29, heißt es ausdrücklich: „Anfangs hatten sie wenig lebendes Vieh"! (fyrst hǫfðu þeir fátt kvikfjár).

War doch der Aufbruch der meisten Einwanderer aus ihrem Heimatlande Norwegen einer Flucht gleich gekommen. Skallagrímr, der Vater des berühmten Egill, welcher auf Island die ganze Myraharde in Besitz nahm, macht sich zur Abreise fertig, tötet aber zuvor noch einige Freunde Haralds, weil sie seinen Bruder Þórólfr beim Könige angeschwärzt hatten, darunter zwei Vettern des Königs, Söhne seines Pflegevaters Guttormr; dann flieht er auf zwei Schiffen mit 60 waffenfähigen Männern, dazu die Weiber und Kinder, und vielem beweglichen Gute nach Island (Egla, Kap. 27). Wie vieles war da nicht in der Hast

---

188. Kobenhav. 1897.

[8] So berichtet der irische Mönch Discuil, welcher 825 schrieb in seinem Buche „De mensura orbis terrae", edit princ. v.C.A. Walckenauer, Paris 1828.

vergessen, wie vieles hatte auch der beschränkte Schiffsraum mitzunehmen verboten. Es war schon genug, wenn von jeder Gattung Vieh ein Paar ausgesuchter Zuchttiere zur Vermehrung in die neue Heimat mitkamen. Aber ein Paar edler Pferde hat unter diesem mitgenommenen Vieh gewiß nicht gefehlt.

Diesen Mangel an lebendem Vieh auf der neubesiedelten Insel zu decken, trat der Handel ein. In der Landnámabók. III. 8 heißt es: „I þann tíma kom út skip i Kolbeinsárósi, hlaðit kvikfé" d. h. um diese Zeit kam aus Norwegen ein Schiff in die Kolbeinsamündung, beladen mit lebendem Vieh ! — Der Zusammenhang ergibt hier ein Frachtschiff, welches auch Pferde geladen hatte. Denn aus der Zahl der ausgeschifften Tiere bricht aus die Fluga, eine Stute, ein edles Rennpferd, dessen Lebensgeschichte später erzählt wird.

Auf denselben Import von Pferden läßt schließen eine Stelle aus der Gullþórissaga, Kap. 9, wo im Besitze des Hauknefr aufgeführt wird ein junger Gotländischer Renner (gautskr hlaupari), stammend aus der schwedischen Provinz Gotland; also vermutlich von dort, einer durch Pferdezucht zu jener Zeit berühmten Gegend, nach Island eingeführt.

Da man die Entfernung von Norwegen nach Island auf 200 Seemeilen schätzt, und es Schiffe gab, welche diese Strecke bei günstigem Winde in 4 Tagen und 4 Nächten durchsegelten, so war der Transport von lebendem Vieh auf dieser Strecke ohne zu große Verluste für den Handelsmann wohl denkbar, um so mehr, als man Schiffe von ausgiebigem Rauminhalt zu konstruieren verstand. Das Schiff zu Gokstadt, im südlichen Norwegen, in einem Grabhügel 1880 aufgefunden[9], ein 32 Ruderer, hatte von Steven zu Steven längs der Reling gemessen, 72 ½ Fuß, und dabei eine Breite oben an der Reling von 16 ¾ Fuß, die Höhe aber von der Unterseite der Kielplanke bis zur Reling betrug in der Mitte 5 ½, an den beiden Enden sogar 8 ½ Fuß. Dieses Schiff stammt, wie man vermutet, aus dem Schluß des 9. Jahrhunderts, also gerade aus der Zeit, von welcher wir hier reden.

Der Nordmann aber, welcher auf allen seinen Zügen es verstanden hatte, die Interessen des kaupmaðr's mit denen eines víkingr's zu verbinden, war ein viel zu guter Geschäftsmann, um bei der bekannt ge-

---

[9] Valtyr Guðmundson in Paul's Grundriß III. 464; II. Aufl.

wordenen Armut des neu besiedelten Islands an lebendem Vieh und der Kaufkraft seiner Bewohner, hier nicht in die Lücke zu treten, und durch Zufuhr der fehlenden Ware ein gutes Geschäft zu machen.

So stammt denn das Isländische Pferd im Wesentlichen aus dem Mutterlande Norwegen; aus dem dahinter liegenden Schweden und vielleicht auch aus Britannien. Aber in allen diesen Ländern war das Pferd auch nicht heimisch gewesen, sondern erst den nach Westen vordringenden germanischen Stämmen dorthin aus Central-Asien gefolgt, da eine stufenweise Verwandtschaft aller Pferde auf dem ganzen Striche von Zentral-Asien durch Scythien bis nach Deutschland und Britannien hinauf nachweisbar ist.[10]

Selbstverständlich lohnten nur edle Tiere den kostspieligen Transport. So ist denn auch die oben genannte Stute Fluga, ein so ausgezeichneter Renner (þat var allra hrossa skjótast = das war von allen Pferden das schnellste) daß sie ihrem Besitzer Þórir bei einem Wettrennen den Preis von 100 „Silber" (= 570 Mark) einträgt[11], welche Summe mit 10 zu vervielfältigen ist, um dem heutigen Geldwerte gleichzukommen.

Es hatte ja auch das Island der Saga-Zeit auf seinen Edelhöfen nicht einen so großen Bestand ausgeglichener Rassepferde besitzen können, wenn nicht die Stammtiere dieser allerdings auf das Sorgfältigste gepflegten Anzucht Pferde allerersten Ranges gewesen wären. Darum werden oft in den Sagas Ausdrücke gebraucht, wie diese: „hann var allra hesta beztr ok fegrstr" = das war unter allen Pferden das beste und schönste; oder:

„þat varu góðir gripir" = das waren gute Kostbarkeiten; oder: „þat varu afreksgripir" - das waren ausnehmend große Wertstücke; oder, wie ólafr pá von den Pferden, die Bolli dem erzürnten Kjartan zum Geschenk anbietet, urteilt: „eru þetta enar virðuligstu gjafir = dieses sind überaus wertvolle Gaben (Laxdoela, Kap. 45).

Wir müssen uns die Pferde der Saga - Zeit im Gegensatze zu den

---

[10] Adolf Schlieben: „Das Pferd des Altertums". Leipzig 1867, pag. 114, und Viktor Hehn: „Kulturpflanzen und Haustiere im Uebergang aus Asien nach Europa." Berlin 1874, pag. 20-53.
[11] Landnáma III., 8.

heute auf Island lebenden Tieren als groß und kräftig gebaut vorstellen. Für die Größe derselben spricht die oft wiederholte Bezeichnung: „hestrinn var mikill ok vaenn" - der Hengst war groß und schön; oder: „mikinn vexti" = groß von Figur; oder: „mikinn ok sjáligan" = groß und ansehnlich.

Auf diesen kräftigen Bau können wir auch schließen von der starken Belastung, welche nicht bloß den Arbeitspferden, wovon später zu reden ist, sondern auch den Reitpferden zugemutet wurde. So steigt Skallagrímr zu Pferde und nimmt auf seine Knie einen sehr großen Kasten (kistu vel mikla) und dazu noch unter den Arm einen Messingkessel (eirketill). So reitet er (Egla, Kap. 58). Der greise Egill aber nimmt seine beiden Silberkisten auf das Pferd, als er hinreiten will, um sie, eifersüchtig auf seine Erben, in einen Sumpf zu versenken (hafði með sér silfrkistur sínar, hann steig á hest: Egla, Kap. 85).

War ein wertvoller Stamm von Pferden die Voraussetzung zu einer tüchtigen Pferdezucht, so war das Mittel zu ihrer Erhaltung und Veredelung eine sorgfältige Kreuzung.

Die Pferde eines Gutes waren sämtlich in Gestüte abgeteilt (stóð). Zu einem Hengst gesellte der Besitzer 3 bis höchstens 4 Stuten. Diese Pferde wurden genau nach Herkunft und Farbe ausgewählt. In der Ljósvetn Kap. 7, lesen wir: „sá hestr var son Hvítings alhvítr at lit, enn merarnar allar rauðar; annar son Hvítings var i Þórarinsdal ok var sá ok hvítr, enn merarnar svartar", d. h. dieser war ein Sohn des Hviting, ganz weiß von Farbe, aber die Stuten waren sämtlich braun. Ein anderer Sohn des Hviting war im Þórarinsthale, auch ein Schimmel, aber die Stuten waren Rappen.

Diese so zusammengestellten Tiere vermehrten sich untereinander und durften anwachsen bis zur Zahl 12, was wohl nach 3 Jahren eintrat; dann wurden die Koppeln von Neuem geteilt.

Die einzelnen Gestüte ein und desselben Gutes, sowie der Nachbarhöfe wurden streng gesondert gehalten, um falsche Kreuzungen zu verhindern, und dieses erforderte große Wachsamkeit.

Zwei Stuten (Grauschecken) des Auðr auf Auðrstaetten drängten beständig zu den Rapphengsten des Hörðr auf Breiðabólstaðr hinüber und brachen 2 Sommer hintereinander aus der Weide. Die Anstrengung, die Pferde auseinander zu bringen, kostete dem Knaben Sigurðr, dem Sohne des Auðr, sogar das Leben.[12]

Namentlich zur Brunftzeit der Pferde steigerte sich diese Arbeit. So lesen wir[13]: en vandhaefi mun þér þykkja á vera at láta geyma hesta várra, því at þeir eru allir graðir, ok má engi við annan eiga; en vér erum at þeim vandir mjök, þvíat þetta eru stóðhestar várir töðualðir d. h. beschwerlich wird es sein, unsere Pferde hüten zu lassen, weil sie sämtlich rossig sind, und darf keins mit dem andern zusammenkommen; denn wir schätzen sie sehr, weil es unsere Hengste sind, die unter Kraftfutter stehen.

So verbanden sich Intelligenz mit Sorgfalt, um das Pferdematerial beständig zu verbessern, um Reit- und Renn-, Kampf- und Arbeitspferde von der brauchbarsten Art heranzuziehen und jene überraschenden Spielarten in der Farbe, in der Einleitung besonders aufgezählt, hervorzurufen, welche die Liebhaberei des Isländischen Pferdezüchters in der Saga-Zeit waren.

An diesem Eifer für die Pferdezucht beteiligten sich auch Frauen.

So wird die Groa[14] als Züchterin des Hengstes „Innikrákr" genannt, welchen sie für das größte Wertstück unter ihrem Viehbestande erklärte, und die Hlif[15], Vali, des Starken, Weib, wird als Pferdeschneiderin (hestageldir) aufgeführt. Vermutlich wegen ihrer weicheren Hand übertrug man dieses Geschäft den Frauen, welche ja überhaupt in der Saga-Zeit als Chirurgen beliebt waren.

Auf den Höfen besaß und verfügte, wie der Hausherr, so auch die Hausherrin über ihre eigenen Pferde.

So erteilt Jofríður[16] des Þorsteinn Egilsson Gattin, Herrin auf Borg, den Befehl: „Nimm mein eignes Pferd und sattle es!" (hest minn skaltu taka ok leggja söðul á).

Und Signy[17], die Tochter Valbrand's, wählt aus ihrem Besitz 2

---

[12] Harðarsaga, Kap. 20.
[13] Ljósvetningsaga, Kap. 7.
[14] Fljótsdaelasaga, Kap. 10.
[15] Lndm. II., 6.
[16] Gunnls, Kap. 3.
[17] Harðars, Kap. 3.

Wertstücke aus, um ihres Bruders Torfi Freundschaft sich damit zu sichern. Sie reicht ihm dar ihr schönes Halsgeschmeide und ihr Pferd „Svartfaxi" (vil ek gefa þér gripi mína ij, er þat annat men mitt, hit góða, en annat hestr minn Svartfaxi). Ist es nicht sehr bezeichnend für eine Frau, ein Pferd als gleichwertig neben ihren Halsschmuck hinzustellen?

Auch in Knaben suchte man früh die Neigung zu Pferden zu wecken, indem man ihnen kleine Pferde, aus Bronze gebildet, als Spielzeug gab.

Als eines Tages der sechsjährige Arngrímr und sein jüngerer Vetter, der vierjährige Steinolfr, mit solch einem Messingpferdchen spielten, welches dem Ersteren gehörte, bat Steinolfr diesen, ihm das Spielzeug zu leihen. Aber Arngrímr schenkt es ihm, weil solch ein Spielzeug für seine Jahre nicht mehr passe. Der Sechsjährige verlangt bereits nach einem lebendigen Pferde[18].

In der Tat wurden Knaben schon im zarten Alter bei der Pferdepflege beschäftigt. Grettir[19], 9—10 Jahre alt, wird im strengen Winter hinausgeschickt, um eine Koppel wertvoller Pferde zu hüten (Grettir skyldi geyma hrossa hans). Er erklärt die Arbeit für kalte Arbeit, aber doch für männlich; besorgt sie indessen sehr wenig zur Zufriedenheit seines Vaters.

Ebenso gewöhnte man Knaben früh an Distanzritte. Der 12jährige Ólafr pá[20] begleitet seinen Vater Höskuldr zu Pferde nach dem Alþing, obgleich es von Hjarðarholt nach Þingvǫllr ein Weg von 20 Meilen ist, und nach 14tägiger Rast denselben Weg wieder zurück.

Bei der nachgewiesenen wertvollen Beschaffenheit des Pferdematerials könnte man sich darüber wundern, daß der Isländer seine Pferde schutzlos im Freien weiden ließ, ganz allgemein während des Sommers, Nacht wie Tag, aber auch des Winters, wo nur einigen Bevorzugten von ihnen der Stall geöffnet wurde. In der Tat brachte dieses Verfahren oft genug Verluste mit sich. Den ersten Ansiedlern Flóki, Þórólfr, Herjólfr und Faxi stirbt im ersten Winter sämtliches Vieh (dó

---

[18] Glúma, Kap. 12.
[19] Grtl, Kap. 14.
[20] Laxd, Kap. 16.

alt kvikfé þeira um vetrinn[21]. Nach der Víga - Skútsaga, Kap. 18, verschwindet dem Hrómundr eine Pferdekoppel von 5 Stück und wird nicht wieder gefunden; ebenso dem Þórbjörn[22] und dem Oddr[23]. Und gar der wertvolle Renner, die Stute Fluga, týndist í feni á Flugumýri = starb in einem Sumpfe auf Flugumýri.[24]

Ökonomie konnte wohl in der Anfangszeit des Kolonistenlebens eine größere Stallanlage gescheut haben, zumal die stärkeren Bauhölzer auf Island selbst nicht zu beschaffen, und darum teuer waren; allein später hatte sich der allgemeine Wohlstand derart gehoben, daß dieser Grund nicht mehr durchschlug. Vielmehr ward für die Beibehaltung der alten Fütterungsweise maßgebend die Beobachtung, daß Verluste, welche das beständige Weiden im Freien mit sich brachte, reichlich aufgewogen wurden, sowohl durch die kernige Gesundheit der ihnen verbleibenden Tiere, als wie besonders auch durch die Zahl und Kraft des im Freien erzeugten und dort groß gewordenen Nachwuchses.

Der Bonde, welcher sich selbst am wohlsten fühlte, wenn er auf dem Hengstrücken scharfe Luft schlürfte, sagte sich: „Das behagt auch meinem Renner!" und zwängte ihn nicht in den Stall, wo oft genug der angesammelte Ammoniak die Luft verdirbt. Und namentlich bei den jungen, im Wachstum begriffenen Tieren, wieviel kerniger mußten sich nicht bei dem freien Auslauf auf großen Weideflächen und über Lavastrecken hin diejenigen Organe entwickeln, auf welchen bei dem Pferde die Leistungskraft besonders beruht, Hufe und Beine. Da gibt es denn, wenn dem jungen Tiere seine Freiheit gelassen wird, Hufe so rund und hart und wohlgeformt, daß sie, auf Felsenboden aufschlagend, einen Klang von sich geben, wie schon der alte Homer es rühmt: „χαλκόποδες ἵπποι". (Ilias VIII, 41.)

Daher entscheidet Björn, als Þórðr auf Hitarnes die Durchfütterung seiner Pferde zugesagt hat, aber zugleich ihm die Wahl läßt zwischen Stallfütterung und Weide, sich für die Letztere: „Því hafði Þórðr í fyrstu heitit Birni, at hesta hans skyldi foera til haga í Hítarnes eða láta

---

[21] Lndm. I., 2.
[22] Lndm. II., 9.
[23] Bandam, s. pag. 42.
[24] Lndm. III., 8.

gefa þeim ella, ok hafði Bjǫrn viljat at heldr foeri i brott[25]."

Aus dem Gesagten ergibt sich, daß die Aufzucht wie die Behandlung der Pferde eine rationelle war; aber sie war auch eine liebevolle. Es kommen ja Rohheiten dort vor auch in der Behandlung von Pferden. Grettir zerschneidet aus Ärger darüber, daß er die Pferde bei dem scharfen Winterfrost draußen hüten soll, der Keingála das Fell auf dem Rücken kreuz und quer mit seinem Messer; aber Grettir ist ein Junge, und dazu ein sehr wüster, den erst das Leben zähmen soll. Der Knecht Einarr jagt auf dem Hengst Freyfaxi den ganzen Tag wie wild umher, so daß das edle Tier schweißtriefend und schlammbedeckt dasteht; aber er tut es in der Sorge um seine, an einem Nebeltage ihm zersprengten, 30 Schafe. Ein anderer Einarr reitet das von ihm bestiegene Arbeitspferd bis es zusammenbricht (hann sprengdi hestinn[26]) aber, er tut es in der Verfolgung von Räubern, die ihm seine Reitpferde gestohlen haben.

Weit stärker sind in den Sagas auf der anderen Seite die Ausdrücke der Zärtlichkeit des Isländers für dieses sein Lieblingstier. Wenn Finnbógi erklärt: „Wenige Dinge habe ich unter meinem Eigen, welche mir werter sind, als diese Koppelpferde"[27]; wenn Hrafnkell sein Pferd Freyfaxi, welches mit einer stummen Anklage wegen schlechter Behandlung vor seiner Haustüre steht, liebkosend beschwichtigt und es nennt: „mein Pflegesohn" (fóstri minn) und „Held" (garpr) und ihm ritterlich empfiehlt, zurückzukehren zu seinem „Kriegsgefolge"[28] (lið) d. h. seinen 12 Koppelpferden; wenn von Brandr[29] geradezu gesagt wird „at

---

[25] Bjarnas, Kap. 13.
[26] Lndm. II, 7.
[27] Finnb, s. Kap. 23.
[28] Hrafnk, s. pag. 7.
[29] Wir können den Ausdruck „átrúnaðr" hier kaum im Sinne einer „religiösen" Veehrung dieses Pferdes deuten, da von ihm gesagt wird: „han var öruggr tit alls baeði vigs ok annars" d.h. dasselbe war zuverlässig in allem, beides für Kampf, wie für andere Dinge! Den Göttern gewihte Tiere wurden aber, wie der letzte Abschnitt zeigen wird, dem menschlichen Gebrauch entzogen. „Nullo mortali opere contacti" Tacitus, Germania, Kap.10.

hann hefði átrúnað á Faxa, d. h. daß er einen Kultus mit seinem Pferde Faxi trieb; so sind das alles Zeichen eines großen Wohlwollens des Isländers der Saga-Zeit für dieses sein Lieblingstier.

Dafür spricht auch die Ehrung einzelner Pferde, deren Namen man gerade so, wie die Namen verstorbener Helden, auf den Ort übertrug, wo sie fielen.

So wurde eine Halbinsel am Breiðifjörðr nach der Stute Skálm genannt: „Skálmarnes"[30]. Und nach der Stute Fluga wurde der Sumpf, in dem sie umgekommen, genannt „Flugumýri"[31]. Und eine Terrasse nach Hvíting, dem Älteren, der „Hvítingshjalli"[32]. Und der Felsen, von dem Freyfaxi mit verbundenen Augen, einen Stein am Halse, in den unten vorüberschäumenden Fluß gestürzt wurde: „Freyfaxahamarr"[33].

Auch die Gesetze Islands gaben dem Pferde eine hohe Bewertung. Die Stellung eines Mannes zum Pferde und zu dessen Behandlung nimmt das Isländische Recht geradezu als einen Maßstab an für dessen Dispositionsfähigkeit.

So sagt die Grágás[34]:

Sa maðr er oc eigi veit, hvart tryiósöðull skal fram horfa á hrosse eða aptr, d. h.: Solch ein Mann ist „auch nicht erbberechtigt, welcher nicht weiß, ob ein Männersattel „vorwärts oder rückwärts aufzulegen ist".

Offenbar kam es dem Gesetzgeber hier darauf an, dieses auszusprechen: „Wer die einfachsten Dinge aus dem täglichen Leben nicht weiß, ist unfähig, ein Erbe anzutreten und zu verwalten!"

Aber, indem der Gesetzgeber als Beispiel für solche tägliche Hantierung die Griffe gerade von der Behandlung eines Reitpferdes wählt, spricht er es damit aus, nicht bloß wie geläufig, sondern auch wie lieb dem Isländer der tägliche Verkehr mit diesem Haustiere war.

Dieselbe Wertschätzung des Pferdes spricht das Isländische Recht auch damit aus, daß es die rechtswidrige Besteigung eines fremden

---

[30] Lndm. II, 5.
[31] Lndm. III, 8.
[32] Bjarnas, Kap. 31.
[33] Hrafnks, pag. 23.
[34] Grágás I., Kap. 118

Reitpferdes unter sehr hohe Strafen stellt. So heißt es in der Grágás[35]: „ef maðr hleypr a bak hrosse manz olofat þat varðar vi avra afang., d. h.: Wenn jemand das Pferd eines anderen „Mannes besteigt ohne dessen Erlaubnis, so kostet das 6 Oere „Strafe = 3 Kronen Dänisch = 3,35 Mark Deutsch", was mit 10 zu vervielfältigen ist, um auf den heutigen Geldwert zu kommen. Gerechnet ist hier nach lögeyrir d. h. Gesetzes-Oeren, bei denen eine Oere war = 1/8 eyrir silfrs d. h. Silber-Oere[36]. Es heißt in den Grágás weiter[37]:

„nu riðr hann sva fram or stað oc varðar þat III marca utlegð, d. h.: Nun reitet er also fort von dieser Stelle, und das kostet „3 Mark Geldbuße = 12 Kronen Dänisch = 13,40 Mark Deutsch." Also nur das rechtswidrige Besteigen eines fremden Pferdes wurde belegt nach unserem Werte mit einer Geldstrafe von Mark 33,50, das Fortreiten aber auf demselben mit Mark: 134.

Diese Bestimmungen verschärfen sich noch! Wir lesen in der Grágás weiter:

„þriar hrossreíþir ero þaer er scoggang varða: ein er ef maðr riðr sva at III böir ero a aðra hönd oc riði hann vm þa. Önor er ef maðr riðr vm fiöll þav er vatn föll deilir af a millom herðaa. Þriðia er ef maðr riðr fiorðunga e meðal" d. h. Drei Arten von Pferderitten gibt es, welche mit Friedlosigkeit bestraft werden: die Eine ist es, wenn jemand reitet so (weit), daß 3 Bauernhöfe (ihm) an einer Seite liegen, und er reitet (an ihnen) vorbei; die Zweite ist es, wenn jemand reitet über solche Berge, welche eine Wasserscheide zwischen 2 Harden bilden; die Dritte ist es, wenn jemand zwischen 2 Vierteln reitet.

Gemeint ist hier, wenn jemand von einem Viertel auf Island zum

---

[35] Grágás II., Kap. 164.
[36] Valtyr Guðmundsson und Kristian Kaalund in Pauls Grundriß, XII. 475, II. Aufl., Straßburg 1898.
[37] Außerdem enthält die Grágás sehr eingehende Bestimmungen über das Sichverlaufen und Nachlaufen von Pferden über das Mieten, Quälen und Scheumachen, Verwunden und Verstümmeln der Pferde, über die Taxation des angerichteten Schadens und die Höhe der Strafen von 3 Mark Geldbuße bis zur Landesverweisung, wobei Pferde zum þing und zu Hochzeitsfesten geritten, unter verschärften Schutz gestellt werden.

anderen reitet. Es konnte unter Umständen eine Reise von 14 Tagen sein.

Erwägt man nun, daß der „scoggangr", dieser dritte und höchste Grad der „Friedlosigkeit", die schärfste Strafe war, über welche die Republik verfügte (denn auch eines Mannes Tötung wurde nicht höher geahndet), diese aber hier auf die rechtswidrige Benutzung eines fremden Reitpferdes, nach dem allgemeinen Willen des Volkes, von dem Gesetzgeber gelegt wird, so muß man allerdings sich wundern über die hohe Bewertung, welche auf Island diesem Tiere zu Teil wurde.

Noch heute ist auf Island das Pferd einziges Verkehrsmittel und darum sehr geschätzt und sehr verbreitet. Während zur Zeit auf je 1000 Einwohner in Norwegen 88 Pferde kommen, in Schweden 97, kommen in Island auf je 1000 Einwohner 400 Stück[38]. Und noch immer ist dort das alte Verfahren im Gebrauch, diese Tiere hauptsächlich mit Gras und Heu zu füttern und sie den Sommer, wie auch den Winter, bei nicht zu hohem Schneefall, im Freien weiden zu lassen.

Freilich ist im Vergleich zur Saga-Zeit die Rasse dort, vermutlich durch Vernachlässigung in der Kreuzung, degeneriert. Die Pferde im heutigen Island sind kaum 50—54" hoch, ziemlich langhaarig und unansehnlich, aber doch immer noch von großer Dauerhaftigkeit und Genügsamkeit. Das heutige Reitpferd dort, ein unermüdlicher Läufer, wie kühner Schwimmer, trägt seinen Reiter bei kurzen Ruhepausen täglich 12—14 Meilen und ein Packpferd trägt, Wochen hindurch, eine Last von 200—250 Pfund.

Um wieviel ausgezeichneter und leistungsfähiger mußte nicht das Isländer-Pferd in der Saga-Zeit sein, wo ihm die sorgsamste und intelligenteste Pflege zu Teil wurde.

Aber die Resultate der alten wie der neuen Zeit führen zu dem Urteil, daß die Insel Island, welche das Pferd durch Einwanderung verhältnismäßig spät empfing, und zur Saga-Zeit einen zahlreichen und

---

[38] Daniel Bruun: Nordboernes Kulturliv, Fortid og Nutid. Kobenhavn 1897, pag. 76.

ausgezeichneten Pferdebestand besessen hat, noch immer als ein sehr günstiges Terrain für eine lohnende Pferdezucht anzusehen ist.

Abschnitt II.

Das Pferd als Wirtschaftstier.
a) Das Zugpferd.
b) Das Packpferd.
c) Das Fleischpferd.
d) Das Pferd als Handelsware und als Geschenk.

Der Pferdebestand auf den Islandshöfen war zur Saga-Zeit ein sehr ansehnlicher. Wenn ein Mann, wie Blundketill auf dem Hofe Örnóldsdalr, der weder goði noch hoefðingi, sondern nur ein guter Mittelbauer war, 160 Pferde auf einmal, und es fragt sich doch, ob damit sein Besitz erschöpft war, von der Weide heimtreiben lassen konnte[39], wie groß muß dann wohl die Pferdeanzahl auf Hjarðarholt bei Guðmundr hinn ríki auf Möðruvellir gewesen sein? Wir gehen wohl nicht fehl, wenn wir sie hier auf das Vier- und Fünffache anschlagen.

Von diesem Pferdebestand sonderten sich aus für den Wirtschaftsgebrauch die Arbeitspferde (verkhestar); und mit diesen haben wir es in dem vorliegenden Abschnitte zu tun.

Es liegt in der Natur der Sache, daß matt hierzu die weniger edlen Tiere von mehr gedrungenem Körperbau und kälterem Blute nahm.

Nach ihrer Verwendung im Wirtschaftsbetriebe werden dieselben eingeteilt in Zugpferde (eykir oder eykhestar) und in Packpferde (klyfjahestar, auch zuweilen dragnahross genannt[40]), doch so, daß die Scheidegrenze als eine fließende zu denken ist, und dieselben Pferde, je nach Bedarf, auch wohl beiden Zwecken dienten.

Das Ziehen konnte geschehen vor dem Pfluge, dem Wagen oder dem Schlitten.

Der Ackerbau war auf Island wegen dessen nördlicher Lage und der Kürze seiner Sommer beschränkt. Nur in einzelnen geschützten Tälern und da, wo warme Quellen die Bodenwärme steigerten, bezahlte der erzielte Körnerertrag die Auslage und die Arbeit. Der Pflug (plógr) war also hier und da im Gebrauch, und es wurden vor denselben meist Ochsen (arðroxi), seltener Pferde gespannt[41].

Wagen kannten die Nordmänner sehr wohl. Dafür sprechen die Gräber- und Moorfunde.

Der schöne Wagen, ausgegraben aus dem Torfmoore 2 Meilen südlich von Ringkjøbing im Jahre 1881, stammend aus der Heidenzeit, und aufgestellt im National-Museum zu Kopenhagen, beweist nicht bloß die Bekanntschaft des Nordmanns mit diesem Gerät, sondern

---

[39] Hoensa þ, Kap. 4.
[40] Glúma, Kap. 19.
[41] Valtýr Guðmundsson; in Pauls Grundriß III, 459.

auch in dessen schöner Detailarbeit die volle Herrschaft des damaligen Handwerks über das Material, als Eisen, Erz und Holz[42].

Daß auch die Isländer zur Saga-Zeit Wagen benutzt haben, wird bezeugt. Wir lesen in der Víga-Glúmssaga[43]: „lét hon hefja hann í vagn ok búa hóglega um", d. h.: Sie ließ ihn in den Wagen heben und bereitete ihm einen behaglichen Sitz. Sodann in der Njála: Höskuldr, der Sohn des Njál, ist von Lýtingr erschlagen und liegt draußen auf dem Felde. Der Schafhirte eilt, der Mutter des Getöteten, der Hróðný, dieses zu melden. Sie befiehlt: „tak þú hest minn ok akfaeri", d. h. rüste du mein Pferd und das Fuhrwerk! Dann fahren sie beide hinaus und, nach einer Untersuchung der Wunden, síðan tóku þau ok lögðu hann í vagarna ok óku til Bergþoersváls[44] d. h. dann nahmen und legten sie ihn in den Wagen und fuhren ihn nach Bergþorsval.

Ebenso unbezweifelt waren Schlitten auf Island im Gebrauch; zunächst für den Personenverkehr.

So heißt es in der Saga Gísla Súrssonar: Þórdr var mikill maðr vexti, ok bar hann hátt í sleðanum[45] d. h. Þórdr war ein Mann von großem Wuchs und ragte hoch auf im Schlitten. Sogar ein Verdeckschlitten wird erwähnt: „Brandr hafði tjaldat sleða með húðum ok beitt fyri Faxa[46] d. h. Brandr hatte den Schlitten überspannt mit einem Lederzelte und davor gespannt das Pferd Faxi.

Besonders aber für den Transport größerer Lasten, wie Holz aus dem Walde her[47] und Heu von den Bergwiesen herab[48] empfahl sich im Winter der Schlitten mit niedrigen Holzkufen, ohne Eisenbeschlag

---

[42] Abgebildet und ebschrieben: a) auf pag. 59 von Danmarks Rigeshistorie a Joh. Steenstrup etc. Københ. 1899; b) auf pag. 470: Sophus Müller, Vor Oltid, Københ. 1897. Dazu vergleiche man auch die in denselbem Buch Fig. 408 abgebildeten, herrlich verzierten Kammdeckel, von einem alten Pferdegeschirr aus derselben Zeit.
[43] Glúma pag. 23.
[44] Nj. Kap. 34
[45] Gísl, pag. 37.
[46] Vd., Kap. 34.
[47] Gísl, pag. 36.
[48] Finnb. S. Kap. 23.

(kjálki).

Aber eine viel stärkere Verwendung als das Zugpferd fand auf den Islandhöfen das Packpferd. Von demselben Blundketill, dessen Pferdebestand oben aufgerechnet wurde, wird berichtet, daß er durch seinen Sohn Hersteinn 120 Packpferde einem befreundeten Kaufmanne entgegentreiben ließ, um durch dieselben den Mann samt seinen Waren auf den Hof zu bringen[49].

Das ist doch eine sehr bedeutende Anzahl! — Und dazu besaß der Mann auch, wie ausdrücklich in der Saga hervorgehoben wird, für jedes dieser Tiere den erforderlichen Sattel und das Zaumzeug, sodaß er nichts aus der Nachbarschaft zu borgen brauchte.

Sollte ein Packpferd aufgesattelt werden, so wurden auf seinen Rücken zuerst gelegt eine oder mehrere dünne Torfscheiben (Iéna), um zu verhindern, daß das Tier nicht rückenwund (baksárr[50]) würde. Auf diese Scheiben legte man dann den Packsattel (klyfberi), ein Holzgestell aus Leisten, an welche festgebunden wurden die seitlich herabhängenden, geschnürten Bündel (klyf, plur. klyfjar), oder auch geflochtene Körbe (laupar und hrip), geeignet, kleinere Gegenstände in sich aufzunehmen, oder auch große Holzkästen (kláfr) zum Transport des Stalldüngers. Diese ganze Tätigkeit des Aufsattelns, wie das Aufschnüren der Last hieß „klyfja". Und der Isländer entwickelte in diesem Aufbauen der Last eine große Geschicklichkeit, eine solche, wie wir sie noch heute an dem Araber bewundern, wenn er sein Kamel zum weiten Wüsten-Transport befrachtet.

Die wenig guten und oft steil ansteigenden Gebirgswege der Insel empfahlen ja sehr diesen Transport auf dem Pferderücken. Eine Last bis zu 2 Zentnern konnte man gut einem Pferde auflegen, und galt es, größere Gewichtstücke zu befördern, so ordnete man sie so an, daß 2 Pferde an demselben Gegenstande trugen.

So belastete Pferde wurden zu weiten Transporten über die Insel hin verwandt.

Sie wurden z. B. jedesmal mitgenommen, wenn man vorhatte in der engeren oder weiteren Nachbarschaft an jenen mehrtägigen Festen

---

[49] Hoensa þ, Kap. 4
[50] Ljósvetn, Kap. 18.

teilzunehmen, welche die vornehmeren Familien veranstalteten, entweder in den 4 ersten Nächten zu Winteranfang (at vetrnóttum) oder zum Julfest (jólaboð), oder im Anfang des Mai zu Ehren des Freyr, des Gottes der Fruchtbarkeit; zu Erbebier und zu Hochzeiten. Zu solchen Festen waren oft 100 und mehr Gäste geladen, es ging hoch her und viel Kleiderpracht wurde entfaltet von Frauen, wie von Männern. Diese Gewänder, in Holzkisten sorgsam verpackt, wurden den Packpferden aufgelegt, welche den Zug der Reisenden begleiteten.

Noch mehr Packpferde waren erforderlich für die Häuptlinge, wenn sie, zum Teil von ihren Frauen, Söhnen und Töchtern begleitet, zum Alþing hinaufzogen, welcher nicht bloß der Platz ernster gesetzgeberischer Arbeit, sondern auch die Stätte heiterer Lust war. Hier galt es außer den erforderlichen Kleidern das Gerät für die selbstzuzeltenden Þing-Buden und den Mundvorrat auf volle 14 Tage mitzunehmen. Þat var þá háttr, at menn vistuðu sik sjálfir til þings, d. h. das war da Sitte, daß die Leute sich selbst mit Proviant für das Þing versahen[51].

Wie oft galt es nicht, auf weiten Wegestrecken über Land, auch die Wirtschaftsprodukte, welche für den ausländischen Markt bestimmt waren, als Vadmal, unverarbeitete Wolle, Häute, Butter, getrocknete Fische, Eiderdaunen u. s. w. nach dem Verschiffungsplatze, an den Fjord hinabzubringen, oder aus dem Auslande kommende Güter zum Hofe hinaufzuschaffen.

So entleiht Þorkell Eyjólfsson von seinem Freunde Þorsteinn Kuggason 20 Packpferde, um auf ihrem Rücken die Bauhölzer, welche König Ólafr Haralsson in Norwegen zum Bau einer Kirche auf seinem Gute Helgafell ihm geschenkt hatte, zu transportieren vom Hrútalfjörðr nach dem Breiðifjörðr über das Hochplateau der Hólmavatnsheiðr, einen Weg von 5 — 6 geographischen Meilen, dazu bei winterlicher Zeit[52].

Hölzer bis zu 4 Meter Länge wurden dabei seitlich am Packsattel eines Pferdes angebracht, längere Hölzer quer über die Rücken zweier Pferde gelegt[53].

---

[51] Gretl., Kap. 16.
[52] Laxd., Kap. 75.
[53] Ef. Beschreibung und Abbildung auf pag. 76 von Daniel Bruun: Fortids-

Eine nicht minder häufige Verwendung fand das Packpferd des Isländers in dem Bereich des eigenen Wirtschaftshofes bei den täglich dort vorkommenden Arbeiten.

Schon die ersten Ansiedler hatten die Bemerkung gemacht[54], daß die hochgelegenen Bergwiesen (fjallhagi) durch die dort wachsenden kräftigen Bergpflanzen bei dem Milchvieh weit mehr Butter- und Käsestoff hervorbrachten, als die tiefer gelegenen Weiden. Das hatte sie veranlaßt, außer dem Winterhofe (vetrhús), der in der Regel unten am Fjord, oder an den unteren Flußläufen lag, noch oben, tiefer in das Gebirge hinein, einen kleineren Sommerhof (sel) zu bauen. Dieses gab dem Wirtschaftsbetriebe ein und desselben Hofes eine starke Erweiterung,

Auf diesem „Sel" war Platz, außer für Knechte und Mägde, auch für Herr und Herrin, die nicht selten, zumal während der wichtigen Monate der Heuernte, hier oben im Gebirge ihre Wohnung nahmen. Auf dem Winterhofe blieb dann oft nur eine geringe Bedeckungsmannschaft zurück.

Solch einen Sommerhof bewohnten Guðrun und Bolli, als der Überfall seitens der Verschworenen, welche von Hjarðarholt heraufkamen, erfolgte. Bolli wurde dort oben getötet[55]. Und wiederum die Entblößung des Winterhofes zu Laugar von Wehrkräften wird von Auðr, der geschiedenen Frau des Þórðr benutzt, um ihren früheren Gatten nachts in seinem Bette zu überfallen, und mit eigener Hand die Rache an ihm zu nehmen, welche die Brüder ihr versagten[56].

Zwischen dem Haupthofe und dem Sel, welches auch während des Winters stets von einigen Leuten besetzt blieb, fand eine lebhafte Verbindung statt. Die Milchprodukte, als Käse, Butter, Skyr, dort oben von dem Bergvieh gewonnen, wurden hinabgeschafft auf dem Pferderüc-

---

minder og Nutidsjem paa Island. København 1897.

[54] Egla, Kap. 29: hann fann mikinn mun á, at þat fé varð betra ok feitara, er á heiðum gekk, d.h. Er Skallgrímr, fand einen großen Unterschied darin, dass das Vieh besser und fetter wurde, welches auf den Bergwiesen ging. Übereinstimmend damit Eyrbyggja s. Kap. 18.

[55] Laxd., Kap. 55

[56] Laxd., Kap. 35.

ken. Solchen Skyr in verschnürten Ledersäcken, auf 2 Pferde gepackt, bringt Auðunn auf seinen Winterhof, betritt die Stube, fällt im Dämmerlichte über das ausgestreckte Bein des schlafenden Grettir, schleudert, wütend darüber, diesem einen Skyrbeutel an den Kopf, welcher platzt und Grettir's Prachtgewand befleckt. Beide kamen darüber ins Handgemenge. Auðunn bar mat á tveimr hestum , ok bar skyr á hesti, ok var þat í húðum ok bundit fyrir ofan; þat kölluðu men skyrkylla (Skyrsäcke[57]).

Ebenso, wie die Milchprodukte, wurden herabgeschafft zum Haupthofe die oben im Walde gebrannten Holzkohlen in großen Körben (kollaupar), und der gestochene Torf in Holzkästen (torfhrip), stets 2 auf jedem Pferde, seitlich an den Packsattel gehängt, um auf dem Kochherde und in der Hofschmiede verbraucht zu werden[58].

Die Stallfütterung war, wie bereits in dem Vorworte gezeigt, beschränkt, daher auch der erzielte Stalldünger nicht erheblich. Er wurde aber in seinem Wirtschaftswerte von dem Isländer erkannt. Man düngte mit demselben die etwa auf dem Gute in Kultur stehenden Getreidefelder, besonders aber den rings um den Haupthof liegenden eingehegten Grasgarten (tún), von welchem das Kraftheu (taða) zur Fütterung der edelsten Pferde gewonnen wurde.

Auf die zu düngenden Wiesen und Ackerstücke hinaus wurde der Dünger teils auf einem Düngerschlitten (myksleði) gefahren, teils aber auch auf dem Pferderücken getragen, und zwar in Düngerkästen (kláfr), von denen einer auf jeder Seite des Packsattels angebracht war[59]. Der Boden dieser Kästen war in sehr praktischer Weise von außen, wie eine Klappe, zu öffnen, und, ohne das Abheben der Last, fiel der Inhalt auf den Acker oder die Wiese, wo man ihn hinhaben wollte. Er wurde dann mittelst einer Mistgabel (mykivísl oder akrvísl) ausgestreut. Daß diese Kästen von ansehnlicher Größe waren, ersehen wir aus der Stelle in der Ljósvetninga-Saga, wo dieselben zum Versteck für je einen sich flüchtenden Mann benutzt werden, über welchen

---

[57] Gretl., Kap. 28.
[58] Vpnfs., pag. 16.
[59] Pag. 459 Valtýr Guðmundsson, a.a.o.

dann Gras geschüttet und noch ein Kalb gelegt wird[60].

Lag der Schwerpunkt einer Isländischen Gutswirtschaft im Futterbau, für welchen die natürlichen Wiesen die Unterlage bildeten, und bestand ihr Reichtum in Herden, so war natürlich die Zeit des Grasschnittes die Haupternte des Jahres und die Behandlung wie Bergung des gewonnenen Heus ein Gegenstand ganz besonderer Sorgfalt.

War das Heu schnittreif, dann zog alles hinaus, der Hausvater, die Hausfrau, die Kinder, Tagelöhner, Knechte und Mägde. Die Männer hauen (slá hey), die Mägde harken (raka) und wenden (hvirfla), alle schichten die Haufen auf (saeta). Es war eine Zeit der Hauptarbeit, aber auch der Hauptfreude im Jahre.

Die Heudiemen, über deren Art und Aufbau im Vorwort das Erforderliche gesagt ist, legte man am liebsten in die Nähe des Winterhofes, Dorthin mußte nun das Heu transportiert werden. Auch das geschah durch Packpferde. Die zu diesem Zweck geschnürten Heubündel wogen, wenn sie als Handelsware beabsichtigt wurden, nach gesetzlicher Vorschrift, 80 Pfund, für den Hausbedarf gegriffen, jedoch eher mehr, als weniger. Zwei trägt jedes Pferd, seitlich aufgehängt am Packsattel. Wohl 10—15 Pferde werden zu einem Zuge vereinigt. Das Vorderste führt ein Mann am langen Zügel, das Zweite ist mit dem Ende seines Zaumes an den Packsattel seines Vordermanns gebunden, das Dritte an das Zweite, und so geht es hinab bis zum Letzten. Alle schreiten, unter ihrer Last fast verschwindend; hintereinander her, und ein Mann dirigiert die ganze Karawane. Da heißt es denn: „var veðrit gott ok heitt ok meadduz hestarnir undir baurunum[61], d. h.: Das Wetter war gut und heiß und die Pferde wurden müde unter ihrer Last. Aber viele Packpferde, das sieht man wohl, müssen aufmarschieren, um die ganze Last des gewonnenen Heus, namentlich auf den größeren Gütern, wegzubringen und zu bergen. Daniel Bruun gibt zu einer Beschreibung solch einer Heukarawane ein sehr anschauliches Bild[62].

Auf diese Weise bewegten sich wohl alle Warenzüge über die We-

---

[60] Ljósvetn, Kap. 20.
[61] Finnb., s. Kap. 36.
[62] Pag. 36, D. Bruun: Fortidsminder og Nutidshjem paa Island. Københ. 1897.

ge und Saumpfade Islands hin. Sie werden an vielen Stellen erwähnt, so Fórstbroeðra-Saga: „reið leiðina fyrir ok hafði hest í togi. Þorgeirr reið eptir ok rak nokkura klyfjahesta⁶³„, d. h.: Er ritt den Weg voran und führte ein Pferd am Zügel, Þorgeirr ritt hinterher und trieb einige Packpferde. Ebenso in der Hrafnkel-Saga; „ráku fyrir sér sextán klyfjaða hesta⁶⁴, d. h.: Er trieb vor sich her 16 Packpferde. Und in der Njála werden sogar 20 Pferde zu einer Karawane vereinigt gezeigt, 15 mit Heu, 5 mit Proviant beladen⁶⁵.

Man sieht, wie vielseitig die Verwendung dieser Packpferde in dem Betriebe eines Isländischen Gutes und über dessen Grenzen hinaus war. So nützte das Pferd durch seine unermüdlich tätige Arbeitskraft dem Hause des Isländers. Aber wir sehen es diesem Hause Nutzen bringen auch durch seinen leidenden Zustand, indem es dem Messer des Schlächters zum Opfer fällt.

So sonderbar das nun auch nach unseren heutigen Begriffen klingen mag, das Pferd war bei den Isländern in der Heidenzeit ein sehr geschätztes Fleischtier für die Wirtschaft.

Daß Pferde bei Opferfesten dem Oðin, Þór und Freyr zu Ehren als Opfergaben geschlachtet wurden, und dann auch ihr Fleisch, stets im gekochten Zustande, nebst der Brühe von der Opfergemeinde verzehrt ward, ist allgemein anerkannt, und wird hiervon im letzten Abschnitte zu handeln sein.

Allein, war auch im Haus- und Tagesbedarf, wie bei den Nordmännern überhaupt, so auch auf den Islandshöfen der Saga - Zeit, Pferdefleisch ein regelmäßiges Nahrungsmittel? — Das ist die Frage! —

Weinhold hat dieses bezweifelt⁶⁶. Mit Unrecht, wie die Quellen das erweisen werden.

---

[63] Fórstbr. S. Kap. 12.
[64] Hrafnks. Pa. 25.
[65] Nj. Kap. 48.
[66] Karl Weinhold: Altnordisches Leben. Berlin 1856, pa. 145:
„Bekannt ist, daß die Rosse für die edelsten Opfer-Tiere galten und daß sie bei den Opferschmäusen genossen wurden; im gewöhnlichen Haushalt kam Pferdefleisch, wie ich glaube, selten vor.

In der Flateyjarbók[67] lesen wir: Ein Hungerjahr war über Island hingegangen und auf einem þing war bei der Beratung der Maßnahmen, wie dem Übel zu steuern sei, von einer Seite her der harte Vorschlag gefallen, die Greise nebst den Säuglingen zu töten, um die Zahl der Esser im Lande zu vermindern. Da trat der Gode Arnórr Kerlingarnef auf mit folgendem Antrage:

„Wir wollen opfern all unsern Vorrat, um den Männern Lebensunterhalt zu geben, und zum Unterhalt unserer Verwandten lieber unsere Pferde schlachten, als jene umkommen lassen vor Hunger; so daß kein Bauer mehr als 2 Pferde zurückbehalten soll (svá at engi bóndi skal eptir hafa meira enn tvau ross). Man könnte hier einwenden: „Das war ein Notstand!" Man griff hier damals vielleicht zu einem sonst ungewöhnlichen Nahrungsmittel. Dem ist nicht so. Andere Stellen der Soegur sprechen es aus, daß Pferdefleisch ein alltägliches Genußmittel auf den Islandshöfen war.

Dem Hrómundr[68] war eine Koppel von 5 Pferden spurlos verschwunden und es wurden die verschiedensten Vermutungen aufgestellt, was aus diesen Pferden könnte geworden sein? Da gaben die Söhne ihre Meinung dahin ab: „Leute werden sie aufgegessen haben!" (at menn mundo etit hafa). Wie hätten sie auf solchen Gedanken kommen können, wäre das Pferdefleischessen nicht gemeiner Brauch gewesen? Ja, es war auf den Höfen eine wirtschaftliche Einrichtung, gerade so, wie Ochsen und Hammel, auch Pferde während des Sommers auf die Fettweiden hinauszuschicken, um sie dann im Herbst für den Winterbedarf, und besonders auch zum Julfeste, einzuschlachten. „at faera út í eyjar fé þat, er slátra skyldi til jóla, ok svá naut ok kapla[69]," d h.: Sie brachten das Vieh hinaus nach den Inseln, welches zum Jul geschlachtet werden sollte, so Rinder, wie Pferde.

Dasselbe tat Þorbjörn mit dem Beinamen der „Dicke". Er schickte eine Pferdekoppel auf die Bergweiden hinauf, um einige von diesen Tieren im Herbste zum Schlachten auszuwählen. Þorbjörn digri átti ok

---

[67] Flateyjarbók, Christiania 1860. I B. pag. 437.
[68] Reykd. Kap. 18
[69] kapall (lat. cavallus, frz. cheval), ein seltenes, nur zweimal in den Sagas vorkommendes Wort: Gr. Wörterbuch v. F. Fritzner.

stóðhross mǫrg saman, er hann lét standa í fjallhǫgum ok valði hann hross um haustum til slátrs[70].

Diese Bergwiesen boten ein besonders nahrhaftes, fettansetzendes Futter. Durch Rindvieh, welches schlecht klettert, sie auszunützen, war schwierig. Das ging aber sehr vorzüglich durch Pferde, welche mit Leichtigkeit die steilsten Abhänge erstiegen. Aus diesem Grunde stellte sich für manchen Wirt, der viele Bergwiesen besaß, das Fettmachen von Pferden auf solchen Weideplätzen um vieles billiger heraus, als das von Ochsen und von Kühen. Gewiß ein Grund mehr in dem bergigen Island, dem Pferde, als Schlachtvieh, besondere Aufmerksamkeit zu schenken.

Sodann muß auch die Qualität dieses Pferdefleisches, nach Geschmack wie Nährgehalt, damals besonders hoch geschätzt worden sein.

Die Óláfs-Saga Tryggvasonar[71] legt dem Gesetzessprecher Þorgeirr Ljósvetninga goði, unter dessen Vorsitz und Antrieb das Alþing des Jahres 1000 die Annahme des Christentums als Staatsreligion für ganz Island beschloß, eine Verteidigungsrede zu Gunsten des Pferdefleischgenusses in den Mund, weil von Seiten der Anhänger der neuen Lehre der Satz ausgesprochen war: „Þat er mesta kristnispell skírððum mǫnnum at eta ross"!, d. h. „Das ist die größte Christentumsverletzung von getauften Leuten, Pferdefleisch zu essen!" In seiner Verteidigungsrede tritt nun Þorgeirr für den bisherigen Brauch seiner Landsleute ein, indem er hervorhebt: „Es empfehle sich nicht, den Genuß von solchen Dingen zu verbieten, welche früher dem gemeinen Volke zur größten Stärkung gereicht haben. (sem áðr varo alþýðunni hinn mesti styrkyr)". Also als eine Kraftspeise gerade für den kleinen Mann wird hier das Pferdefleisch hingestellt. Und, es wird in Zweifel gezogen, ob, wenn man ihm diese versagt, seine Kräfte ausreichen werden, um seine Kinder groß zu ziehen. Und, in der Tat, es wurde auf jenem stürmischen Alþing vom Jahre 1000 das Christentum angenommen als Landesreligion, obwohl man dem heidnischen Kultus durch Verbot des öffentlichen Opfers scharf entgegentrat, doch nur mit dieser ausdrücklichen

---

[70] Ebd. Kap. 18.
[71] Flateyjarbók, Christiania 1860. I. Bd. Pag. 446.

Klausel, daß es in Bezug auf das Kinderaussetzen und das „Pferdefleischessen" bei den alten Gesetzen verbleiben solle. (en of barna útburþ scylþo stan þa en forno lög of hrossakjöts át[72]).

So werden wir wohl dem Isländer Jón Eiríksson, der im Jahre 1755 ein kleines Buch herausgab „De Philippia", rechtgeben müssen, wenn er von seinen Landsleuten aus der Saga-Zeit sagt, daß sie von allen Speisen das Pferdefleisch am meisten bevorzugt hätten, nicht allein wegen der Ausgiebigkeit seiner Quantität, sondern auch wegen der Feinheit seines Wohlgeschmacks.

„Nam inter illas, quibus antiqui septentrionalis incolae, imprimis Islandi olim sustentabantur, alimentorum species, caro equina, non tantum si quantitatis habeatur ratio, praecipuam sibi, vindicavit partem, sed et si ciborum qualitas spectetur gratissimis apud eos mensarum deliciis quondam fuit annumerata.[73]

Es wird nun wohl keinem Zweifel mehr unterliegen, daß der Genuß, des Pferdefleisches auf den Islandhöfen in der Heidenzeit, und selbst noch bis in die Christenzeit hinein, zu den täglichen Gewohnheiten gehört habe.

Auch als Handelsware wurde das Pferd auf den Islandhöfen geschätzt, und bildete für den intelligenten Pferdezüchter eine nicht unbedeutende Einnahmequelle.

Während die Höhe des Preises von Luxus-Pferden dem freien Austausch von Angebot und Nachfrage überlassen blieb, war der Wert des Arbeitspferdes durch das Gesetz bestimmt.

Die Grágás spricht sich hierüber sehr eingehend aus in folgenden Sätzen[74]:

Hestr. iiii. vetra gamall eða ellre, oe x vetra oe yngri heill oe lastalavs við kv. = Ein Pferd zwischen 4 und 10 Jahren, gesund und fehlerlos, ist gleichwertig einer Kuh.

Merr iiii. vetra oe ellre oe x vetra oe yngri gelld heil oe lastalavs.

---

[72] Íslendigabóc, Kap. 7. Als weitere Belege für die Sitte des Pferdefleischessens vergleiche man Bandam, s. pag. 37 und Hoensa þ. Kap. 4.

[73] Joh. Ericus Isl De Philippia, sive amoris equini, apud priscos Boreales, causis. Hafniae 1755, pag. 134.

[74] Grágás II, Kap. 246.

Fiorðungi verri enn kýr. = Eine Stute zwischen 4 und 10 Jahren, unbelegt, gesund und fehlerfrei, hat den Werth von ¾ einer Kuh.

Hestr ¡¡¡. vetr iafn við mere. = Ein 3jähriger Hengst ist gleichwertig einer Stute.

Merr¡¡¡. vetr ¡¡ lutir kugilldis. = Eine dreijährige Stute gilt 2/3 einer Kuh.

Tuav hross tvé vetr. hestr oe merr við kv. = Zwei zweijährige Pferde, Hengst und Stute, sind gleichwertig einer Kuh.

Þriu vetr gomol hross við kv. oe er eitt hestr. = Drei einjährige Pferde sind gleichwertig einer Kuh, wenn eins von diesen ein Hengst ist.

Ef maðr gelldr merhross vetr gamalt fyrir þriþiung kugildis. þa scal fylgia eyrir. = Wenn ein Mann als Zahlung hingibt eine, einen Winter alte, Stute und will, sie soll gelten gleich ⅓ Kuhwert, so muß er hinzulegen noch eine Öre.

Þetta scolo vera meðal hross oe eigi verre. = Dieses sollen Mittelpferde sein, und nicht schlechter.

Stoðhestr oe severðe betri fyrir sacir vigs. Oe gelldr hestr oe se verðe betri fyrir reiðar sacir. Oe fyl merr istóðe þat er met fé. = Ein Koppelhengst, falls er von höherem Werte ist wegen seiner Kampffähigkeit und ein Wallach, falls er von höherem Werte ist wegen seiner Reitfähigkeit, und eine Füllenstute in der Koppel: das sind besondere Taxationsgegenstände.

Es bedarf zunächst einer Aufklärung darüber, warum in diesen Gesetzesbestimmungen der Wert des Pferdes stets, auf den einer Kuh zurückgeführt wird?

Da das Hauptgewerbe der alten Isländer die Viehzucht war, und ihr Handel, so lange das ausgemünzte Geld dort fehlte, wesentlich Tauschhandel blieb, so kann man sich nicht darüber verwundern, daß sie aus dem Umkreise ihres Viehbestandes einen möglichst festen Wert herausgriffen, nach welchem dann der Preis auch der übrigen Handelsware zu bestimmen war. Und sie setzten als solche Werteinheit die Kuh, dieses dem großen, wie dem kleinen Mann gleich unentbehrliche Geschöpf, so daß sich nun folgende Berechnung für Islands Saga-Zeit aufstellen läßt:

Eine Kuh = 120 Ellen vaðmal (grober, im Haus selbstgewirkter Fries), eine Kuh = 2 ½ Öre reinen Silbers,
   eine Kuh = 10 Kronen Dänisch,
   eine Kuh = 11,15 Mark Deutsch,
wobei stets zu berücksichtigen bleibt, daß dieser Wert mit zehn zu vervielfältigen ist, um auf die Höhe der heutigen Preislage zu kommen[75].

Es ist bei jener Preisaufstellung von Interesse zu wissen, von welcher physischen Beschaffenheit eine Kuh sein mußte, welcher man den, vom Gesetzgeber gedachten Normalwert zuerkannte.

Die Grágás spricht sich auch hierüber vollkommen klar in folgenden Worten aus[76]:

Þetta er enn fiár lag. At kýr þreveter eða ellre .x. vetra eða yngri kalbaer oc miolk hyrnd oc lastalavs. eigi verre en meðal navt heraðr raek at fardogöm oc mólke kalfs má la sv er giald geng. = Das ist eine fernere Wertbestimmung. Eine Kuh von 4 bis 10 Jahren, tragend, melkend, gehörnt und fehlerfrei, nicht geringer als ein Durchschnitts-Ochse, welche es aushalten kann, im Frühling durch die Harde getrieben zu werden, und ein Kalb satt macht: eine solche ist ein gangbarer Kuhwert.

Nach der obigen Berechnung hatte also ein fehlerfreies Arbeitspferd von 4—10 Jahren in der Sagazeit auf Island den Geldwert einer fehlerfreien, trächtigen Kuh von 4—10 Jahren, und diese den Wert von 111,50 Mark deutscher Wertung, nach heutiger Preislage.

So bildete denn bei dem großen Pferdebestande und der nicht kostspieligen Anzucht das junge Pferd als Arbeits- wie Schlachtpferd, und mehr noch das edlere Reit- und Kampfpferd eine recht einträgliche Einnahmequelle für den Züchter, und wir werden sogleich sehen, wie dieses Verkaufsgeschäft auch ganz lebhaft betrieben wurde.

Þórarinn und Þorstein[77], Vater und Sohn, besaßen Koppelpferde und brachte ihnen dieses große Einnahme, daß sie den jungen Nach-

---

[75] Cf. §§ 37, 64, 69 des XII. Abschnittes „Skandinavische Verhältnisse" in H. Pauls Grundriß. II. Auflage. Straßb. 1898.
[76] Grágás II Kap. 246.
[77] Þorst. Stang. Pag. 48

wuchs von ihren Pferden verkauften, weil keines unbrauchbar war, weder für den Ritt noch für den Kampf. (ok var þeim þat helzt til fjár, at þeir seldu undan hestana, því at engir brugðust at reið né hug.)

Und Þorkell Geirsaon, auf Skörð sitzend, verkaufte den Leuten immer die jungen Pferde zum Schlachten, (ok seldu mönnum jafnan hross undan til slátrs[78]).

Besonders um edle Rassepferde wurde auf das Lebhafteste gehandelt.

Nach der Laxdaela-Saga[79] wollte Eldgrímr dem Þorleiker Hörskuldsson um jeden Preis die Rappen abkaufen, welche aus dem berühmten Gestüt des Kotkell stammten. (Þat er erendi mitt hegat, at ek vil kaupa at þér stódrossin þau en dyrú, er Kotkell gaf þér í fyrra sumar.)

„Die Pferde sind nicht feil", antwortete Þorleikr.

Darauf Eldgrímr: „Ich biete dir ebensoviele Koppelpferde zum Tausch, und eine Zugabe von beliebiger Höhe, so daß viele sagen werden, ich habe damit den zweifachen Wert geboten!"

Darauf bricht Þorleikr den Handel ab mit der Erklärung: „Ich bin kein Krämer. Diese Pferde bekommst du niemals, solltest du auch den dreifachen Wert bieten!" (engi em ek mangsmaðr, því at þessi hross faer þú aldregi, þóttu bjóðir við þrenn verð.)

So lange Island vieharm war, war natürlich im Lande selbst der Absatz auch für Pferde leicht. Später, als der isländische Bedarf gedeckt war, mußte man wohl an den Export denken. Und wir haben für solchen auch ein Beispiel in den Sagas.

Von Eiðfaxi, einem Sohne der bereits öfter genannten flinken Stute „Fluga" und eines grauen Hengstes mit schwarzer Mähne wird erzählt, daß er in das Ausland geführt wurde und dort an einem Tage 7 Männer getötet habe, (undir þeim var alinn Eiðfaxi, er utan var foerðr ok varð sjau manna bani við Mjörs á einum degi[80]).

Besonders als vornehme Geschenke waren gute Pferde sehr beliebt. Man warb durch solche Gaben um Freundschaft und Waffenbrüder-

---

[78] Reykd., Kap. 33.
[79] Laxd. Kap. 37.
[80] Lndm. III. 8.

schaft, beides in jenen kampfesfrohen Tagen auf Island oft schwerer wiegend als Gold und Silber. So reitet Broddhelgi zu Þórarinn's Schiff hinab und bringt ihm als Geschenk eine Koppel von 5 Pferden, sämtlich löwenzahngelb mit dem ausdrücklichen Zusatz: „Das geschehe zur Freundschaftsknüpfung!" — (annan dag eptir reið Broddhelgi til skips, ok gaf Þórarni stóðhross, fimm saman, til vinfengis, ok varú þau öll fílfilbleik[81])

Und selten werden so wertvolle Gaben abgelehnt, denn neben dem materiellen Werte enthalten sie für den Empfänger eine vornehme Huldigung, welche selbst Fürsten begehrten. So nennt die Sturlunga, in der Aufzählung passender Geschenke, um sie einem Könige darzubringen, neben Falken, Zelten und Segeln, auch Pferde. (hitt kalla ek vel fallit, at menn sendi kongi vingiafir hauka eðr hesta, tjölld eðr segl, eðr aðra hluti er sendilegir ero[82])

Dieses sind die mannigfachen Beziehungen, unter welchen das Pferd als Wirtschaftstier seinen Herren auf Island zur Saga-Zeit Nutzen brachte.

---

[81] Vpnfs. P. 19.
[82] Heimskríngla, Ólafs-Saga helgi, Kap. 134.

Abschnitt III.

Das Pferd als Luxustier.
a) Das Reitpferd.
b) Das Rennpferd.
c) Das Kampfpferd.

Zeigte der vorige Abschnitt uns das isländische Pferd zur Saga-Zeit, wie es dem Nutzen seines Herrn diente durch seine Kraft des Ziehens und des Tragens, durch sein schmackhaftes Fleisch und seinen Wert als Handelsware, wie auch als Geschenk zur Knüpfung von Freundschaftsbündnissen, so wird der hier folgende Abschnitt zeigen das Pferd des Isländers, wie es dem Vergnügen seines Herrn dient als geschmücktes Reitpferd, in welcher Gestalt es der stolzen Prachtliebe des alten Isländers besonders zusagte, sowie auch als Renner und als Kampfpferd.

Zunächst als Reitpferd.

Der Isländer der Saga-Zeit war reiselustig. Diese Neigung war das Erbe seines Wikinger-Blutes. Ein oder einigemal das Ausland besucht zu haben, wozu mindestens ein Winteraufenthalt in Norwegen und meist dort am Königshofe gehörte; erst das machte einen Mann respektabel. War er daheim, so gaben Politik wie Geselligkeit genug der Reisegründe, wie schon im vorigen Abschnitte gezeigt ist.

Man reiste zu Wasser, wo das anging. So besucht Þorkell Eyjólfsson, in Gesellschaft des Snorri goði, seine Braut Guðrún auf Helgafell zu Schiffe. Und Þórðr Ingunnarson holt seine Mutter, welche von Zauberern belästigt wird, im Schiffe über den Breiðifjörðr heim, eine Fahrt, auf der freilich beide ertrinken.[83]

Aber die Reisen zu Lande waren häufiger. Es führten auf Island über die Bergwüsten hin Verbindungswege nach allen Richtungen, die sich freilich oft genug nur zu schmalen Saumpfaden verengten. Aber ganz besonders, da alle Brücken im Lande fehlten, so verzichtete man auf den Wagen als ein allgemeines Verkehrsmittel, und Männer wie Frauen reisten zu Pferde. Denn der Germane, von alters her heimisch auf den Wogen, zeigt sich auch eingewachsen in den Sattel, und die Isländer ritten vorzüglich.

Jeder isländische Hof besaß eine große Anzahl gut eingerittener und wohlgepflegter Reitpferde (reiðhestar). Man nannte sie in dankbarer Anerkennung ihrer guten Dienste oft auch „fararskjótar" d. h. „Reisebeschleuniger".

---

[83] Laxd., Kap. 35 und 68.

Im Zureiten von rohen Pferden (hross ótamit[84]) waren die Nordmänner von Alters her geübt. Von den bereits im ersten Abschnitt genannten Königen zu Upsal, Álrekr und Eiríkr, berichtet die Ynglinga-Saga, außerdem, daß sie selbst ihre Reitpferde im Schritt wie im Trab dressiert hätten. Das hätten sie von allen Männern am besten verstanden (þeir temja hesta baeði við gang ok við hlaup; kunnu þeir þat allra manna bezt[85]). Könige wie Recken mußten dieser Dinge kundig sein; das war eben ritterliche Art. Die Gangarten, in welchen man die Pferde übte, schieden sich in gangr, Schritt, und hlaup, welches jede darüber hinausgehende raschere Bewegung bedeutet. Diese letztere trennte sich wieder in brokk, Trab, und stökk, Galopp. Auch im skeið, Paßgang, wurden die Pferde künstlich geübt. So heißt es von dem Skalden Gunnlaugr: „hljóp á bak einhverjum hesti ok reið á skeið eptir túninu"[86]) d. h. Gunnlaugr stieg rasch auf eins der Pferde, und ritt im Paßgang über die Hauswiese. Der Paßgang[87] ist diejenige Gangart, wo das Pferd gewöhnt wird beim Schritt nicht, wie es seiner Natur entspricht, den linken Vorder- und zugleich den rechten Hinterfuß aufzuheben, während es auf den anderen beiden ruht, also über Kreuz zu treten; sondern es hebt im Paßgange zugleich den linken Vorder- und den linken Hinterfuß, während es auf dem rechten Vorder- und Hinterfuße ruht. Also es tritt dabei einseitig, wie das Kamel. Im Mittelalter war dieser Schritt bei Reisepferden, weil für den Reiter bequem, sehr beliebt und wurde den Tieren besonders andressiert. Doch wurden die Pferde dabei frühzeitig abgenutzt[88]. Die bekannten Pferde auf der Markuskirche zu Venedig sind als Paßgänger dargestellt.

Einen Mann, der in der Pferdedressur, wie Anzucht und Pflege,

---

[84] Vergleiche den lebendig beschriebenen Vorgang auf dem Hofe Grund, wo der stumme Karl ein dreijähriges rohes Pferd zum erstenmal besteigt und sich mit großer Geschicklichkeit auf dem aufgeregten Tier behauptet. Svarfdaela-Saga, Kap. 27.

[85] Ingl. s. Kap. 20. F. Jons. Ausg.

[86] Gunnl. s. Kap. 11.

[87] Adolph Schlieben: „Das Pferd des Altertums". Leipzig 1867. pag. 182.

[88] Pag. 33, Theil II der Insruktion zum Reitunterricht für die Kavallerie. Berlin 1882.

wohl Bescheid wußte, nannten die Isländer einen Íþróttamaðr, von íþrótt = Fertigkeit, Tüchtigkeit, gebraucht im leiblichen, wie moralischen Sinne; welchen Begriff wir demnach vielleicht nicht ungeeignet mit „tüchtiger Sportsmann" übersetzen könnten.

Reitpferde wurden stets sorgfältig gereinigt. Unterblieb das, so mochten von solch ungeputzten Pferden Ausdrücke gebraucht werden, wie sie stehen von Freyfaxi, als er nach dem wüsten Ritt schweißtriefend und lehmbespritzt vor seines Herrn Türe steht. Der nennt ihn in diesem Zustande okraesiligr unlecker und uþokkaligr, schweinisch, unsauber[89].

Es wurde zu dieser Reinigung gebraucht der Striegel (kambr). Man kämmte sie (kemba). Ihnen wurden Mähne (fax, auch mön), Schweif (tagl) und Stirnhaare (toppr) verschnitten. Man gebrauchte dazu eine große Schere (manskaeri), welche die Männer in einem Futteral (skaerahús) am Gürtel trugen. Diese Schere war so groß und scharf, daß sie auch als Waffe dienen konnte,

Björn Hitdaelakappi, von dem Hofe Vellir wird, als er gerade seinen Pferden auf der Hvítings-Terrasse die Mähnen verschneidet, von Þórðr und seinen Leuten überfallen und verteidigt sich mit seiner Schere äußerst mutig, indem er seinen Gegnern viele Wunden beibringt. (Björn varðizt mjök lengi með skaerunum ok veitti þeim mörg sár, er hann sóttu[90]) Dann aber unterliegt er.

Die für den täglichen Gebrach bestimmten Reitpferde grasten auf dem tún, also in der unmittelbaren Nähe des Herrenhauses. Auch auf dem nackten Pferde zu reiten, war der Isländer geübt. Das hieß ríða berbakt[91]. Handelte es sich um ein schnelles Ausreiten über das nächste Gutsareal hin, so genügte auch eine einfache Filzdecke (þófi), über den Rücken des Pferdes geworfen. Für einen weiteren Ritt wurde gesattelt. Das gesamte Reitzeug (söðulreiði, reidingr auch reiði) wurde dann geholt aus der Sattelkammer (söðlabúr). Von den einzelnen Stücken desselben wurde dem Tiere aufgelegt zunächst die Schabracke (söðulklaeði), darauf der Sattel (söðull), entweder Männersattel (trogs-

---

[89] Hrafnks. pag. 8.
[90] Bjarnars., Kap. 32.
[91] Glúma, Kap. 16.

söðull) oder Frauensattel (kvennssöðull). Derselbe wurde angezogen mittelst des Sattelgurtes (söðulgjörð) und festgeschnallt mittelst der Sattelschnalle (söðulhringja). An Riemen (álar) hingen von dem Sattel herab die Steigbügel (stigreip).

Vornehme Leute setzten eine Ehre darin, auf kostbar verzierten Sätteln zu reiten. Wir müssen uns diese Verzierungen angebracht denken an dem vorderen Sattelknopf, sowie an der Rückenlehne des Sattels, welche beide Teile damals viel höher aufragten, als wie es heute bei unseren sogenannten englischen Sätteln der Fall ist.

In der Laxdaela-Saga haben wir eine berühmte Stelle, wo der auf Kundschaft ausgeschickte Hirte des Helgi Harðbeinsson seinem Herrn die im Walde lagernden Feinde der Reihe nach sehr umständlich beschreibt. Es kommen hier auch deren Sättel zur Erwähnung; und es werden unterschieden folgende 4 Arten:

steindrsöðull, smeltsöðull, skozkrsöðull, standsöðull.

Kr. Kaalund in seinen Noten zur Laxdaela-Ausgabe[92] versteht unter dem ersten Sattel einen „gemalten", unter dem zweiten einen mit Metall, Gold oder Silber, eingelegten Sattel. Den Schottischen und den Standsattel aber läßt er in ihrer Eigenart unbestimmt.

Über die Beschaffenheit des standsöðull könnte vielleicht Auskunft geben eine von F. Fritzner in seinem großen Wörterbuche zu diesem Worte angeführte Stelle Sturl. II 142 „Hvítá var allmikil, ok vildu þeir eigi at biskup riði í standsöðli þeim, er hann hafði áðr í riðit". Da die Hvítá, sehr angeschwollen ist, wollten die Leute des Bischofs ihn nicht in seinem „standssöðull", welchen er bisher benutzt hatte, den aufgeregten Fluß durchqueren lassen. Wer einen Fluß, auf dem Pferde sitzend, durchschwommen hat, der weiß, wie wichtig es unter Umständen ist, schnell aus dem Sattel kommen zu können. Es hängt davon zu Zeiten das Leben ab. Daran hinderte also dieser Standsattel, und doch wohl nur durch seine besonders hohe Vorder-, wie namentlich Hinterwand, und es mußte demnach auf Verlangen der Leute der Austausch gegen einen anderen Sattel erfolgen.

Einen Sattel von der hier gedachten Bauart glaubt der Verfasser gefunden zu haben in einem kleinen Bronzegefäß (vandkar, isl. vatnsker),

---

[92] Laxd. Ausgabe, Halle 1896. pag. 190, 191.

darstellend einen Reiter auf gesatteltem Pferde, stammend aus einer isländischen Kirche am Vatnsfjörðr, und aufgestellt im National-Museum zu Kopenhagen[93].

Über den „Schottischen Sattel" besitzen wir dagegen keine Erklärung.

Die Sättel der Frauen hatten die Stuhlform, welche noch heute in einigen Exemplaren auf Island sich findet.

Um alte und kranke Leute zu Pferde zu befördern, wandte man an eine Art Bahre, welche zwischen zwei Pferden hing.

War der Sattel dem Reitpferde aufgeschnallt, so wurde ihm aufgelegt das Kopfgestell (beizl, auch beizli). Dieser Handgriff hieß slá við beizli[94]. Solch ein Kopfgestell hatte im Wesentlichen die noch immer bei uns übliche Gestalt. An den Maulwinkeln des Pferdekopfes lag auswendig an jeder Seite ein großer Ring von Erz oder Eisen. In diese zwei Ringe griff zunächst das eiserne Gebiß (mél), ein kurzes Eisen, in der Mitte mit einem beweglichen Gliede, welches dem Pferde durch das Maul lief. Ebenso griffen in diese zwei Ringe die Riemen (ál, plur. álar), welche den Kopf des Pferdes von oben nach unten umfaßten, und ebenso die Zügel (taumr oder beizltaumr), welche nicht selten an ihren unteren Enden in Ketten ausliefen[95]. Reiche Leute hatten statt Erz und Eisen an ihrem Kopfgestell die entsprechenden Teile von Silber, sowie auch mit Silberbuckeln die Riemen besetzt. Auf solch ein geschmücktes Kopfgestell scheint sich zu beziehen folgende Stelle der Saga Gísla Súrssonar, wo es heißt: „ríðr hann (Véstinn) nú við hrímande ok hefir sitt söðulreiðe"[96]. Er ritt mit einem Kopfgestell, durch Metallknöpfe verziert, und hatte sein eigenes Reitzeug,

War das Aufsatteln (söðla) fertig, so trat der Herr heraus. Er hatte an den Hacken die Sporen (spori, plur. sporar) und in der Hand die

---

[93] Ohne Nummer dort aufgestellt unter folgender Bezeichnung: „Vandkar til kirkeligt brug fran Vatnsfjord Kirke paa Island". – Sättel von dieser Konstruktion finden sich noch heute in Gebrauch der Araber in Tunis.

[94] Hrafnks. pag. 6.

[95] Abgebildet und beschrieben pa. 102 von Axel Em. Holmberg; Nordbon under Hednatiden. Stockholm 1854.

[96] Gísl. Pag. 20.

Reitgerte (svipa). Nicht vergessen hatte er, an seinen Gürtel zu hängen den kurzen Knüpfriemen (hapt oder knapphelda), welcher dem Pferde schleifenförmig um die Vorderbeine gelegt wurde bei der Rast auf der Reise, um sein Fortspringen zu verhindern. „hafði styrimaðr, sem Einar hét, þar hest í hapti"[97] d. h. ein Steuermann, welcher Einar hieß, hatte dort ein Pferd im Knöpfriemen.

Galt es einen Besuch auf einem befreundeten Hofe, so war diese Vorsicht nicht erforderlich. Denn dort waren ein oder mehrere Hausknechte dazu bestimmt, den ankommenden Gästen die Pferde abzunehmen, sie zu füttern und auf Befehl wieder vorzuführen. Dieselben Knechte bewahrten bei längerem Aufenthalt auch der Gäste Waffen und Gewand[98].

Denn die Gastfreundschaft, eine altgermanische Tugend, hatte auf Island ihre besondere Heimstatt.

Von Frau Þóra auf dem Gute Öxl wird erzählt, sie habe quer über den öffentlichen Weg ein Gasthaus bauen lassen und dort stets einen gedeckten Tisch gehalten. Sie aber saß draußen auf einem Stuhle und lud von dort aus die Gäste ein, einen jeden, welcher Speise essen wollte. Þóra bjó þá eptir, ok lét gera skála sinn um þvera þjóðbraut, ok lét par jafnan standa borð, enn hon sat úti á stóli ok laðaði par gesti, hvern er mat vildi eta.[99]

Wenn das schon Fremden geboten wurde, wieviel mehr nicht den Hausfreunden! So beförderte denn diese Gastlichkeit den Verkehr nach allen Seiten hin, und der schnelle „fararskjóti" ward seinem Herrn ein besonders lieber Gefährte.

Das Beschlagen (járna, skúa) der Pferde war den Nordmännern wohl bekannt, denn die Hufeisen gehören zu den gewöhnlichen Grabfunden aus jener Zeit. Indessen diese Hufeisen waren weit breiter als die jetzt gebrauchten und es fehlen ihnen zuweilen die Stollen. Ja, man hat aus den Heldenhügeln auch Hufeisen ausgegraben, welche nicht

---

[97] Saga af Viga Styr ok Heiðarvigum. Kap. 15.
[98] Pag. 101 von R. Keyser: Efterladte skrifter, Bd. II: Normaaendenes private Liv i Oldtiden. Christiania 1867.
[99] Lndm. II. 6. Ganz Ähnliches berichtet die Landnama II, 13 von Geirriðr und in III. 8. von Þorbrandr.

mit Nägeln befestigt wurden, sondern nach oben umgebogene Kanten hatten, sodaß dieselben, wie ein Schuh, über den Huf des Pferdes gestreift werden konnten[100].

Auch für Island läßt sich dieser Brauch des Hufbeschlags aus den Sagas nachweisen. Bolli Bollason aus Helgafell läßt seine Pferde beschlagen (laetr hann þá járna hesta[101]) und Viga Styr hafði skúaðan hest[102] d. h. hatte ein „beschuhtes" Pferd.

Von welcher aber der oben bezeichneten beiden Formen die auf Island gebrauchten Hufeisen waren, welche Sorte von Pferden dort beschlagen, und wie oft dieser Hufbeschlag an ihnen erneuert wurde, das läßt sich aus den Sagas nicht bestimmen.

Jeder Pferde-Kenner wird den Hufbeschlag immer nur als ein notwendiges Übel, weil eine Quelle von Hufkrankheiten, ansehen, und ihn darum vermeiden, wo es angeht; besonders, da die Hufe der jungen Tiere, welche im Freien gezogen werden, gerade durch das Auftreten auf harte Flächen, deren es ja auf Island genug gibt, sich selber härten.

Auch in den Pampas von Süd-Amerika, einer mit guten, im Freien großgewachsenen, Pferden reich besetzten Gegend, werden diese Tiere nur in den Städten beschlagen; über den Kamp hin aber reitet man stets auch die weitesten Strecken mit Pferden, die keine Eisen tragen, wie ich aus eigener Erfahrung bezeugen kann.

Von dem Reitpferde kommen wir jetzt zu dem Rennpferde und dem Kampfpferde.

Hier ist zunächst auszuschließen, was auf Island nicht stattfand.

Daß gemeinschaftliche Reitübungen, wie z. B. Wettrennen, im Brauche gewesen sind bei den Nordmännern schon in fernster Vorzeit, läßt sich nicht in Zweifel ziehen. Wenn aber gesprochen wird von Turnieren, als gebräuchlich dort bereits in der Heidenzeit, so ist das eine Übertragung von einer Sitte späterer Zeit auf die früheres. Jedoch am Schluß des 12. und 13, Jahrhunderts, so darf man annehmen, waren

---

[100] Abgebildet und beschrieben auf pag. 103 von Axel Em. Holmberg: Nordbon under Hednatiden. Stockholm 1854.
[101] Laxd. Kap. 83.
[102] Heiðarvig. S. Kap. 9.

solche kunstmäßigen Reitübungen auch in den Nordlanden nicht ganz unbekannt. Wenigstens für Norwegen läßt sich dieses nachweisen, da der „Königsspiegel[103]" dieselben den Hofleuten, als einen würdigen Zeitvertreib, empfiehlt.

Bei den nahen Beziehungen zwischen Norwegen und Island, besonders bei der bestehenden Sitte für die jungen Islands-Recken, auch einige Jahre in das Gefolge der Norwegischen Könige einzutreten, hätten diese Reiterspiele sich ja leicht auf den Isländischen Boden übertragen lassen; allein wir finden sie dort nicht. Es fehlte der Republik eben ein Königshof als Mittelpunkt für dergleichen Feste.

Ist das Turnier ein Kampfspiel zu Pferde, so darf bei diesem Anlaß nicht unerwähnt bleiben, daß, so viele Zweikämpfe zwischen Helden auch in den Sagas genannt und eingehend beschrieben werden, doch die feindlichen Parteien, wenn sie im Sattel einander begegnen, meistens diesen verlassen, um zu Fuß mit einander ihre Sache auszufechten. Daraus ergibt sich wohl, daß der Kampf zu Pferde, als Spiel und als Ernst betrieben, bei den Islands-Recken nicht der Brauch war.

Dagegen für Wettrennen finden sich in den Sagas Beispiele, aber auch nicht als Massenbelustigung und als Volksfeste, wie bei uns; wohl aber als Kraftprobe für zwei Gegner und deren Renner.

Þórir im Hvinverjedal[104] der Besitzer der „Fluga", wettet mit Örn, der ebenfalls einen ausgezeichneten Renner besaß (hann hafði allgóðan hest), welches von ihren Pferden das schnellere sei? (hvárs þeira hross mundi skjótara). Und jeder von ihnen setzte ein Hundert Silbers[105]. Sie umritten beide südlich den Kjöl, wo eine passende Ebene sich fand. Hier geschieht nun das Wettrennen, und, wie es scheint, ohne Zeugen. Örn wird von Þórir mittelst seiner Fluga ganz entschieden geschlagen. Dieses stolze und ehrgeizige Tier war aber durch die Einsetzung aller seiner Kräfte selbst so erschöpft worden, daß Þórir, der notwendig zum

---

[103] Konungsskuggsjá, verfaßt von einem unbekannten Kleriker der Regierungszeit des Norwegischen Königs Sverrir (gest. 1202)
[104] Lndn. III. 8.
[105] Ein Hundert Silbers = 480 Kronen Dänisch. Mit zehn vervielfältigt der heutige Wert. Also 4800 Kronen = 5452 Mark Deutsch. Also eine hohe Wette.

Þimg hinaufmußte, sie auf dieser Stelle zurückließ. (þvíat hon vor mjök móð). Örn aber war über diese Niederlage, wie auch über den Geldverlust so unfroh, daß er beschloß nicht länger zu leben (Örn undi svá illa við félát sitt att hann vildi eigi lifa). Er ritt den Berg hinauf, welcher nun der Arnafell heißt, und stürzte sich dort hinunter.

Nicht bei allen Wettrennen wird ein so hoher Einsatz gemacht sein, und nicht alle werden einen solch tragischen Ausgang genommen haben, wie dieses.

Aber dasjenige Pferde-Spiel, welches so recht charakteristisch für Island war, und in der Saga-Zeit dort eine Volksbelustigung ersten Ranges bildete, war der Pferde-Kampf; unserer Sitte und unserem Vorstellungskreise so völlig fremd geworden, daß diese ganz originelle Kraftprobe für Mann und Roß hier einer eingehenden Beschreibung bedarf.

In den Sagas werden Pferde-Kämpfe sehr oft genannt, aber keine Stelle, für sich allein genommen, bietet den Vorgang in seiner vollen Abrundung. Es konnte dem Saga-Manne nicht einfallen, einem Geschehnis das malende Wort zu leihen, welches jeder seiner Zuhörer aus eigener Anschauung ganz genau kannte. Die Saga nennt den Ort, die in dem Pferdekampfe auftretenden Männer und Pferde, dann die einzelnen in die Handlung eingreifenden Zwischenfälle und die daraus fließenden Verwickelungen, welche den weiteren Verlauf des mitzuteilenden historischen Stoffes oft genug dramatisch zuspitzen. Aber ein abgerundetes Bild des gesamten, in seinen einzelnen Stufen sich abspielenden Vorganges findet man an keiner Stelle in geschlossener Darstellung. Will man ein solches Bild erhalten, so muß man die charakteristischen Züge aus den zerstreuten Stellen[106] zusammentragen. Über den vorliegenden Gegenstand haben sich referierend ausgesprochen Kr Kaalund[107], nur ganz kurz; und dann etwas länger R. Keyser[108]

---

[106] Bjarnars. Kap. 23; Gretl. Kap. 29; Þorst. stang. pag. 48; Gluma Kap. 13 und 18; Reykd. Kap. 12 und 23; Flms. Kap. 19; Njála. Kap. 59; Sturl. 180^{28}, 342^{26}.

[107] Kaalund in Pauls Grundriß III, 453.

[108] R. Keyser: Efterladte skrifter, Bd. II. Normaendenes private Liv in Oldtiden. Christiania 1867. pag. 118.

in seiner Schilderung des Privatlebens der alten Nordmänner. Der Darstellung des Letzteren folgen wir zunächst.

Eine andere Art von Schauspiel, bei den Nordmännern uralt, welches, sehr beliebt, bis in die späteren Zeiten sich erhielt, ist der Pferde-Kampf:
Hesta – þing,
hesta – at,
hesta – víg.

Man hetzte Hengste aufeinander und ließ sie so lange gegeneinander kämpfen, bis oftmals der eine tot auf dem Kampfplätze blieb. Man dressierte dazu diejenigen Hengste, welche große und scharfe Vorderzähne hatten, welche den Namen „vigtennr", Kampfzähne, führten.

Besitzer von solchen Kampfhengsten verabredeten mit einander Zusammenkünfte zum Zweck des Pferde-Kampfes. Zu diesem Schauspiel strömte jederzeit eine Menge der Zuschauer von beiden Geschlechtern zusammen.

Als Kampfplatz wählte man hier, wie auch zu anderen ähnlichen Veranstaltungen, eine Ebene mit Hügeln in der Nähe, auf welchen die Zuschauer, besonders Frauen, Platz nahmen.

Die Hengste wurden paarweise vorgeführt, und, um sie gegeneinander aufzuregen, wurden Stuten in der Nähe angebunden.

Jeder von den Hengsten wurde vorgeführt, entweder von dem Eigentümer selbst, oder von einem handfesten, mit dem Tiere wohlbekannten Manne.

Wenn sich die Hengste nun auf den Hinterbeinen aufrichteten und einander zu beißen anfingen, mußten die Männer, welche die Pferde begleiteten, hetzen, und jeder dem Seinigen die erforderlichen Hilfen geben. Und dieses geschah teils dadurch, daß sie dieselben mit einem Stabe (hestastafr) antrieben, welchen sie zu dem Zwecke in der Hand trugen, teils dadurch, daß sie die aufgerichteten Pferde von hinten stützten.

Die angesehensten Häuptlinge begleiteten oft selbst ihre Hengste in den Kampf, und bisweilen wurden im Voraus die Richter ernannt, welche in zweifelhaften Fällen entscheiden mußten, welcher Hengst am besten gebissen und gesiegt hätte.

Nicht selten kamen die beiden Männer, welche die Pferde antrieben, in ihrem Eifer selber in den Zweikampf mit ihren Hetzstangen, wenn der eine meinte, daß ihm sein Pferd von dem anderen benachteiligt werde.

Oft konnten bei solch einem Pferde-Kampfe mehrere Paare Pferde gegeneinander gehetzt werden. Und das hielt man für keine kleine Ehre, der Besitzer eines solchen Siegers zu sein!

So etwa die Darstellung des Vorganges nach Keyser.

„Der prickelnde Reiz dieses Schauspiels, welches der Isländer nicht müde wurde anzusehen, lag in dem Sichmessen der Kraft von Tieren, bei denen Stärke mit Schönheit der Bewegungen in seltenem Grade sich paarten; denn nur Hengste, niemals Wallache oder Stuten, wurden zu Kämpfern gebraucht. Es war eine Kraftprobe, bei welcher der Einsatz das Leben bedeutete.

Die Waffen der Kämpfer waren die Vorderhufe und Vorderbeine, mit denen die Pferde sich gegenseitig zu umhalsen und den Rücken zu zerstampfen suchten, und dann vor allem die stark entwickelten Vorderzähne, mit welchen sie sich gegenseitig zerfleischten. Daher wird für diese Kämpfe der Pferde in den Sagas auch oft ganz kurz gesetzt das Wort „bitaz". Wie „hestarnir bitust allvel" d. h. die Pferde bissen sich vorzüglich. Noch anschaulicher in der Reykdaela-Saga[109]: „bituz svá, at í blóði var hvárrtveggja", d. h. sie bissen sich so, daß jedes von beiden blutüberströmt war, und der Knecht seinem Herrn meldet: „Beide Pferde sind ganz zerbissen (albitnir) und ganz rot von Blut" (airauðr). Es war ein grausames und in seinen einzelnen Vorgängen höchst aufregendes Schauspiel, welches bei den Zuschauern dieselben starken Nerven voraussetzte, wie noch heute die Stiergefechte der Spanier,

Ein erhöhtes Interesse gewann dieser Kampf durch das Eingreifen der Menschenhand in denselben. Die Eigner, meist in eigner Person, lenkten und trieben an ihre Pferde; letzteres durch kurze Holzstäbe mit stumpfer Spitze. Daß dieses Ende des hesatstafr stumpf gewesen sein muß, ergibt sich aus der Darstellung der Grettis-Saga[110], Denn hätte

---

[109] Reykd. Kap.23.
[110] Gretl. Kap. 29

Grettirs Stab eine scharfe Spitze gehabt, so hätte sein Gegner beim Pferde-Kampfe, Oddr, von dem empfangenen Stoß nicht einen dreifachen Rippenbruch, sondern eine Fleischwunde davongetragen.

Sobald die Hengste, zum Kampfe bereit, auf ihren Hinterbeinen sich hoch aufrichteten, wobei stets die Gefahr vorlag, daß sie sich nach rückwärts überschlugen, dann mußten die Führer ihre Arme und Brust gegen den Pferderücken drücken, um die Wucht der aufgeregten Tiere zu stützen und sie in der Balance zu erhalten.

Man sieht, daß Stärke, Umsicht und Entschlossenheit auf Seiten der Männer hier ganz wesentlich den Ausgang des Kampfes mitbedingten.

Zu solchen legalen Hilfen gesellten sich oft auch die Finten, mit denen man des Gegners Pferd von seinem Ziele abzulenken, einzuschüchtern, oder heimlich auch wohl zu verletzen suchte, Machinationen, welche in der angezogenen Stelle der Grettis-Saga die Ursache werden zum Kampfe zwischen den zwei Recken, in welchen einzugreifen die darüber aufgebrachten Zuschauer nur mit Mühe verhindert werden.

Wenn nun mehrere Paare[111] von Kampf-Hengsten hintereinander vorgeführt wurden, welches zum Vergleich zwischen den einzelnen Nummern aufforderte, so gab das allerdings ein Programm, welches die Schaulust im höchsten Grade wecken mußte. Und die rings die Arena, wie ein natürliches Theater, umschließenden Hügel waren in der Regel von Männern, Frauen und Kindern dicht besetzt.

Aber neben der Belustigung hatten diese Pferde-Kämpfe für das Land auch einen praktischen Nutzen. Sie forderten und übten bei den Männern Gewandtheit und Mut, und dann wurden sie ein ganz wesentliches Mittel, die Pferdezucht auf Island zu fördern. Auf die Züchtung starker und feuriger Tiere, welche sehr gesucht waren, und darum hoch im Preise standen, wurde nun ganz besonderer Fleiß verwandt. Und so kam es, daß auch unter den kleineren Bauern fast jeder ein oder mehrere Gestüte — stóð — hielt[112]. Denn, der Besitzer eines Hengstes zu werden, der in mehreren Kampfgängen gesiegt hatte, wurde für keine geringe Ehre auf Island in der Saga-Zeit gehalten.

---

[111] Reykd. Kap. 23.
[112] Valtyr Guðmundsson. Pag. 456 des Grundrisses. II. Auflage. 98.

Dieser Darstellung schließen wir an im Grundtexte wie in der Übersetzung zwei Stellen aus den Sagas, jede enthaltend einen längeren Bericht über den Verlauf eines Pferde-Kampfes. Der eine, der Njáls-Saga entnommen, ist merkwürdig durch seinen stürmischen Verlauf, der andere, aus der Víga-Glúms-Saga, zeichnet sich aus als das wohlorganisierte Unternehmen einer ganzen Harde.

Beginnen wir mit dem Letzteren. „Annat[113] sumar var stofnat hestaþing þat er öllum hestum skal etja, þeim er til vóro í heraðinu, ok skyldu þeir í mót ór enum efra hrepp[114] ok enum neðra, ok skyldu sinn mann hvárer til taka, ok kveða at, hvárir betr hefði; ok skulu þeirra atkvaeði standa, er til vóro kosnir. Ofan ór hrepp var Báeðr til kosinn, en ór neðra hrepp Vigfúss Glúmsson. Var þar fjöldi hesta ok góð skemtan, ok mjök jamvígi; ok vóro mörg hestavíg senn um daginn. En svá Iauk, at jammargir höfðu vel bitiz ok jammargir runnit, ok urðu þeir a þat sáttir at jamvígi vaeri".

Für den nächsten Sommer war beschlossen ein Pferde-Kampf, in dem man alle Pferde, welche in der Harde dazu geeignet waren, in den Streit führen sollte; und zwar sollten die Bewohner aus dem oberen Distrikt gegen die Leute aus dem unteren Distrikt kämpfen. Auch sollte jede der beiden Parteien ihren Mann dazu bestimmen und diese zwei sollten entscheiden, wer von ihnen gesiegt hatte. Der Spruch dieser Erwählten aber sollte gelten. Aus dem oberen Distrikt ward erwählt Barðr, aber aus dem unteren Vigfúss Glúmsson. Es waren da eine Menge Pferde und viel Belustigung, aber ungefähr gleicher Kampf. Auch waren viele Pferde-Kämpfe auf einmal an dem Tage. Doch auf solche Weise schloß der Kampf, daß gleichviele Pferde sich gut gebissen hatten, und gleichviele zurückgewichen waren, so daß man sich dahin einigte: „Der Kampf sei unentschieden geblieben!" (Beide Parteien seien einander gewachsen).

Weit leidenschaftlicher ist der Verlauf in der Njála, sehr ins Einzelne gehend die Schilderung, und höchst unbefriedigend das Ende.

Nu[115] riða menn til hestavígs, ok er par komit fjölmenni mikit. Var

---

[113] Glúma. Kap. 18.
[114] „hreppr", ein Distrikt auf Island, bebaut zum mindesten mit 20 Höfen.
[115] Nj. Kap. 59.

þar Gunnarr ok braeðr hans ok Sigfússynir, Njáll ok synir hans allir. Þar var kominn Starkaðr ok synir hans, Egill[116] ok hans synir. Þeir raeddu til Gunnars, at þeir myndi saman leiða hrossin. Gunnarr svaraði at þat vaeri vel. Skarpheðinn maelti: „Vill þú, at ek keyra hest þinn, Gunnar fraendi?" - „Eigi vil ek þat", segir Gunnarr Hér er þó betr akómit", segir Skarpheðinn, „vér erum hvárirtveggju hávaðamenn". - „Þer munuð fátt maela", segir Gunnarr, „eða gera, áðr enn yðr munu vandraeði af standa; enn hér mun verða um seinna, þó at alt komi fyrir eitt". Siðan váru hrossin saman leidd. Gunnarr bjó sik at keyra, enn Skarpheðinn leiddi fram hestinn. Gunnarr var i rauðum kyrtli ok hafði digrt silfrbelti um sik ok hestastaf mikinn í hendi. Siðan rennast at hestarnir ok bítast lengi svá at ekki purfti á at taka, ok var þat hit mesta gaman. Þa báru þeir saman rað sitt Þorgeirr ok Kolr, at þeir myndi hrinda hesti sinum, pá er á rynnist hestarnir, ok vita, ef Gunnarr felli fyrir. Nú rennast á hestarnir, ok hlaupa þeir Þorgeirr ok Kolr pegar á lend hesti sínum ok hrinda sem þeir megu. Gunnarr hrindr nú ok sínum hesti í moti ok verðr þar skjótr atburðr, sá, at Þeir Þorgeirr fellu báðir á bak aftr ok hestrinn á þa ofan. Þeir spretta upp skjótt ok hlaupa at Gunnari. Gunnarr varpar sér undan ok þrífr Kol ok kastar honum á völlinn sva at hann liggr í óvit. Þorgeirr Starkatðarson laust hest Gunnars svá at út hljóp augat. Gunnarr laust Þorgeir með stafnum - fellr Þorgeirr í óvit. Enn Gunnarr gengr til hests sins ok maelti við Kolskegg: „Högg þu hestinn - ekki skaI hann lifa við örkuml", Kolskeggr hjó höfuð af hestinum. Þa komst á faetr Þorgeirr ok tók vápn sín ok vildi at Gunnari. Enn þat vart stöðvat, ok varð pröng mikil. Skarpheðinn maelti: „Leiðist mér þóf þetta - ok er miklu drengilegra, at menn vegist með vápnum". Gunnarr var kyrr, svá at honum helt einn maðr, ok maelti ekki orð þat er áfátt vaeri. Njáll maelti, at þeir skyldi saettast ok set ja grið. Þorgeirr kvaðst hvártki vildu selja grið né taka - kvaðst heldr vilja Gunnar dauðan fyrir höggit. Kolskeggr maelti: „Fastara hefir Gunnarr staðit, enn hann hafi fallit fyrir orðum einum - ok mun enn svá". Nu riða menn af hestaþingi - hverr til sins heima.

In dieser so lebendig beschriebenen Szene des Pferde-Kampfes tre-

---

[116] Nicht Egill Skallagrímsson, der berühmte Skald (gest. 990), sondern Egill, ein sonst nicht bekannter Bauer, von dem Hofe Sandgil, im Südlande.

ten sich folgende Parteien gegenüber. Auf der einen Seite Gunnarr Hámundarson auf Hliðarendi, einer der Haupthelden der Njáls-Saga, mit ihm verbunden sein Bruder Kolkskeggr und Skarpheðinn, Njáls feuriger Sohn, sein Freund, dessen leidenschaftlichen Sinn Gunnarr's Ernst beschwichtigt.

Die andere Partei wird gebildet von Egill, dem Bauer auf Sandgil, seinen zwei Söhnen Þorgeirr und Kolr und deren Freund Þorgeirr Starkaðarson, welcher sich ganz unberufen in die Sache einmischt und dadurch es bewirkt, daß man unter heftigen Drohungen sich trennt. Der Schauplatz dieses Pferde-Kampfes ist im Süden der Insel, da, wo die Fiská in die Rángá einmündet, südwestlich von Keldur[117].

In der Übersetzung lautet der oben mitgeteilte Abschnitt, wie folgt: „Nun reiten die Männer zum Pferde-Kampf und da ist zusammengeströmt eine große Volksmenge. Es waren zur Stelle Gunnar und seine Brüder nebst den Söhnen des Sigfús, Njáll mit all seinen Söhnen. Da waren gekommen Starkaðr und seine Söhne, Egill und seine Söhne.

Sie (Egill und seine Partei) fordern nun Gunnarr auf, die Pferde zusammenzuführen. Gunnarr antwortet: „Einverstanden!" Skarpheðinn spricht: „Willst du, daß ich dein Pferd antreibe, Freund Gunnarr?" - „Nein, das will ich nicht", erwidert Gunnarr. — „Das paßt doch besser zusammen", wirft Skarpheðinn ein, „wir (ich und Þorgeirr Egilsson) sind ja alle beide Brauseköpfe!" — „Ihr sollt wenig sprechen", sagt Gunnarr, „noch weniger tun, bevor Schwierigkeiten für euch daraus erwachsen; aber kommen wird schon später etwas; doch es ist alles eins!"

Sodann wurden die Hengste zusammengeführt. Gunnarr schickt sich an sein Pferd (von hinten) anzutreiben, aber Skarpheðinn leitet es (am Kopfe) vor. Gunnarr war gekleidet in einen roten Rock und trug einen massiven Silbergürtel um die Lenden und einen großen Hetzstab in der Hand. Da stürmten die Hengste vor und bissen sich lange, so daß es nicht von nöten war, sie anzutreiben, und war dieses ein sehr großes Vergnügen.

Da verabredeten Þorgeirr und Kolr miteinander, daß sie ihr Pferd

---

[117] Kr. Kaalund: Bidrag til en historisk-topografisk Beskrivelse auf Island. Kjøbenhavn 1877. Bd. 1 pag. 231.

vorstoßen wollten, wenn die Hengste wiederum sich aufeinander stürzten, um zu probieren, ob Gunnarr darüber zu Falle kommen möchte.

Nun warfen sich die Pferde aufeinander, und Þorgeirr, wie Kolr, springen schnell vor und stoßen ihrem Hengste gegen die Hinterschenkel mit aller Kraft. Gunnarr stößt nun auch sein Pferd ihnen entgegen; und da ereignet es sich plötzlich, daß Þorgeirr und sein Bruder beide auf den Rücken stürzen, und das Pferd (ebenfalls) auf sie hinauf.

Sie springen schnell wieder auf und werfen sich nun auf Gunnarr. Dieser springt zur Seite und packt den Kolr und schleudert ihn zu Boden, mit solcher Gewalt, daß er bewußtlos liegen bleibt, Þorgeirr Starkaðarson schlägt nun nach Gunnarrs Hengst so heftig, daß dessen Auge ausläuft.

Gunnarr hieb nun mit seiner Hetzstange auf Þorgeirr, und dieser bricht ohnmächtig zusammen. Aber Gunnarr geht zu seinem Pferde und spricht zu Kolkseggr: „Töte du den Hengst, nicht soll er als Krüppel weiterleben!"

Kolkseggr hieb nun dem Pferde den Kopf ab.

Da springt Þorgeirr wieder auf seine Füße und griff nach seinen Waffen, und wollte auf Gunnarr los.

Doch das ward verhindert, und nun drängt alles in einen großen Knäul zusammen.

Skarpheðinn spricht: „Dieses hin und her langweilt mich, es ist viel würdiger, daß Männer mit Schwertern kämpfen!"

Gunnarr blieb so gelassen, daß ein Mann ihn hätte halten können, und sprach nicht ein Wort, welches er später hätte bereuen müssen.

Njáll schlug nun vor, man solle sich vergleichen und die Waffen ruhen lassen.

Þorgeirr erwidert: „Weder Frieden geben, noch annehmen! Gunnarr muß sterben für diesen Schlag!"

Kolkseggr antwortet ihm: „Gunnarr steht wohl fester auf seinen Füßen, als daß er fallen sollte durch bloße Worte! Und dabei mag es sein Bewenden haben!"

Nun reiten die Recken fort von dem Pferde - Kampfplatze, ein jeder nach Hause".

Soweit die Übersetzung der angeführten Stelle aus der Njála.

Und hiermit schließt zugleich der Abschnitt, welcher zeigen sollte, wie das Pferd des Isländers zur Saga-Zeit seinem Herrn gedient hat als Reitpferd, als Rennpferd und als Kampfpferd,

Abschnitt IV.

Das Pferd im Dienste der Religion, als
a) Eine Mitgabe an die Toten.
b) Eine Opfergabe und ein Weihegeschenk an die Götter.
c) Ein Medium für dämonische Kräfte.

Den bisherigen Abschnitten fügen wir noch einen vierten hinzu. Er soll das Pferd uns zeigen, wie es dem gemeinen Tagesgebrauch entrückt, einem höheren Zwecke zugeführt wird.

Zuerst handelt es sich um eine Mitgabe desselben an die Toten. An eine Vernichtung des persönlichen Seins durch den Tod glaubte die germanische Heidenwelt nicht. Solcher Vorstellung widerstrebte der ihrer kraftvollen Natur einwohnende Drang zum Leben. Das Sterben ist ihnen nichts weiter als ein fara til Oðins, wo in Valhall, der Welt der Wonnen, in Gemeinschaft der Götter eine Zeit frischer Jugend für den, dieser unteren Welt Entrückten, nun beginnt.

Die Pforte zu jener oberen Welt ist ihnen eben der Grabhügel.

Fällt nach der zur Zeit bestehenden Annahme der Wissenschaft, bezüglich der germanischen Länder, mit dem Steinalter das Begraben, mit dem Bronzealter das Verbrennen, und mit dem Eisenalter wiederum das Begraben der Leichen zusammen, so haben wir für die Ansiedler Islands in der verhältnismäßig kurzen Zeit ihres Heidentums dort, von 874—1000, diesen letzteren Brauch zu erwarten.

Während in den Gedichten der Götter- und Heldensage der Leichenbrand, eventuell auch unter Mitgabe eines Pferdes für den Toten, noch herrscht, wurden in der historischen Zeit die Leichen der isländischen Helden stets unverbrannt den Hügeln übergeben.

Und da nach der Vorstellung des Volkes die Toten ihre bisherige Lebensweise in Valhall, und zwar in vervollkommneter Gestalt, nur fortsetzen, so gab man ihnen zum Gebrauch im Jenseits mit ihre bisherigen Geräte, als Waffen, Kostbarkeiten, Schmiedewerkzeug, und ihre Lieblingstiere, Hunde, Falken, Pferde, um sie in den himmlischen Jagdgründen wieder zu benutzen.

Das Pferd vor allem, von dem Isländer während seines Lebens als eine Kostbarkeit ersten Ranges (gripr) geschätzt und gepflegt, durfte in der Mitgift seines Grabes nicht fehlen[118].

---

[118] Er teilte diesen Brauch mit den Germanen im Zentrum Europas, von denen berichtet: „sua cuique arma, quorundam igni et equus adicitur". Germania, Kap. XXVII. Ebenso mit den Russen, nach einem Bericht des arabischen Botschafters Ibn Fadhlan, entsandt aus Bagdad an den König der Wolga-Bulgaren, aus dem Jahre 921; mitgeteilt von I. Grimm: „Über die Verbren-

Der Hengst wurde am Hügel getötet und mit Sattel und Zaumzeug zu dem Toten gelegt.

So erzählt die Egla[119]: „lét Egill þar gera haug á framanuerðu nesinu. Var þar í lagðr Skallagrímr ok hestr hans ok vápn hans ok smiðartól", d.h. Egill ließ einen Grabhügel aufschütten dort auf der Spitze der Landzunge. Es wurde da hineingelegt Skallagrímr und sein Pferd, und seine Waffen und das Schmiedewerkzeug.

Ganz ähnlich auch in der Egils-Saga ok Ásmundar[120]: Ásmundr lét verpa haug eftir hann ok setti bjá honum hest hans með sööli ok beizli, merki ok öll herklaeði, hauk ok hund. Aran sat á stóli í öllum herklaeðum. - - - haugrinn var þá byrgðr", d.h. Ásmundr ließ aufwerfen einen Grabhügel (sc. seinem Blutbruder Aran) und legte neben ihn sein Pferd mit Sattel und Zaumzeug, das Banner und sämtliche Waffenstücke, Falke und Hund. Aran saß auf einem Stuhle in vollem Waffenschmuck, - - -dann wurde der Grabhügel geschlossen.

Neben diese Zeugnisse der Sagas treten die Grabfunde auf Island, welche diesen religiösen Gebrauch, Pferde den Toten in ihre Gruft mitzugeben, reichlich erweisen.

Es sind zwölf Grabstätten dort aufgedeckt worden, in welchen Pferde, neben Menschen bestattet, sich vorfanden. In zweien von diesen Fällen lag das Pferdegerippe nicht in dem Hauptgrabe, sondern daneben in einem besonderen kreisrunden Hügel, Und es ist kein Zweifel, daß gerade diese Mitgabe eines Pferdes in das isländische Männergrab noch den späten christlichen Nachkommen als ein besonders charakteristisches Merkmal eines strenggläubigen Heidentums gegol-

---

nung der Leichen" pag. 253ff der Abhandlungen der Kgl, Akademie der Wissenschaften, Berlin 1849. Und noch vollständiger in Wilh. Thomsen: „Der Ursprung des Russischen Staates". Drei Vorlesungen, deutsch von L. Bornemann, Gotha 1879, pag. 29ff.

[119] Eg. Kap. 58.
[120] Daselbst Kap. 7. Ist diese Egils-Saga einhenta ok Ásmundar-Saga berserkjabana auch in Bezug auf Angaben der Geschichte und Geographie unverwendbar, so hindert doch nichts, die hier geschilderte Sitte der Totenbestattung als glaubwürdig anzunehmen.

ten hat[121]

So diente das Pferd, und wir dürfen uns wohl vorstellen, daß es aus dem Gestüt des Besitzers das edelste war, das Lieblingspferd des Verstorbenen, dem Isländer, nach dem mannigfachen Gebrauch in diesem Erdenleben, auch noch als eine Mitgabe an den Toten, als ein Geschenk für jene, im Tode sich ihnen aufschließende, verklärte Welt.

Dieser Blick auf die jenseitige Welt war auch der treibende Grund, welcher den Isländer — und er teilte diesen Brauch gleichfalls mit den übrigen Germanen — bewog, sein Lieblingstier, das Pferd, auch seinen Göttern, als eine bevorzugte Gabe, im Opfer anzubieten.

Er kannte ja Opfergaben von noch höherem Werte.

Denn Menschenopfer waren dem germanischen Heidentum, zumal in älterer Zeit, nicht fremd. Sie galten unter den öffentlichen Opfern als die feierlichsten; wurden aber als blutige Huldigungsopfer nur der obersten Landesgottheit, und zwar nur in solchen Fällen dargebracht, wo es sich um das Schicksal eines ganzen Gemeinwesens handelte[122].

Auch für Island sind dieselben bezeugt; so durch die Eyrbyggja-Saga, wo gesprochen wird von einem Altarstein des Þórr, der noch Blutspuren trägt, auf welchem den zum Opfer bestimmten Männern das Rückgrat gebrochen wurde[123]. And ebenso wird das bewiesen durch die Streitverhandlungen auf dem Alþing des Jahres 1000, wo die Partei der Heiden beschließt, 2 Männer aus jedem Viertel den alten Heldengöttern zu opfern, damit diese das Kommen des Christentums über das Land verhindern[124]. Kam dieser Beschluß auch damals nicht zur Ausführung, so deutet er doch auf eine bestehende Sitte in der Vergangenheit zurück.

Unter den Tieropfern indessen galt, wie allen Germanen, so auch dem Isländer in seiner Heidenzeit das Pferdeopfer als das vornehm-

---

[121] Kr. Kaalund: „Grave ok Gravefund" in „Islands Fortidslaevninger: saertryk af Aarbøger for nord. oldk. og historie. Kjøbenhavn 1882. pag. 78.

[122] Wolfgang Golther: Handbuch der Germanischen Mythologie, Leipzig 1895, pag. 560, und E. Mogk: Mythologie, pag. 1119, Band I des Grundrisses von H. Paul: Straßb. 1893.

[123] Ebd. Kap. 10.

[124] Kristni-Saga, pag. 23.

ste[125].

Es wurden ja auch Rinder den Göttern von ihnen geschlachtet.

So lesen wir in der Egla in Bezug auf Egill, als er in Norwegen um den Besitz von seines Weibes Erbe mit Atli, der dasselbe ihm weigert, einen Zweikampf eingeht: „Þar[126] var leiddr fram graðungr mikill ok gamall. Var þat kallat blótnaut. Þat skyldi sá höggva er sigr hefði", d. h. dort wurde ein großer und alter Stier vorgeführt. Den nannte man Opferstier. Diesen sollte derjenige schlachten, welcher Sieger blieb.

Und in der Kormáks-Saga, als Kormákr mit Þorvarðr einen Holmgang getan und seinen Gegner besiegt hat, heißt es von jenem: „Kormárkr[127] hjó blótnaut", und zwar mit dem Zusatze „eftir siðvenju", d. h. Kormárkr tötete den Opferstier nach dem Brauch!"

In beiden Stellen wird es verschwiegen, welcher Gottheit diese Opfergabe galt; auch geschieht das Töten des Stieres ohne alle Zeremonie. Wir haben es hier also wohl nur mit einem Privatopfer zu tun, den Geistern des Hauses, des Hofes, oder der Landschaft dargebracht[128], wie es nach einem Zweikampfe für den Sieger üblich war, daß er mit demselben Schwerte, welches den Gegner getroffen, nun auch den im Gelübde versprochenen Stier zerhieb[129].

In den öffentlichen Opfern dagegen, in Island also in den Opfern, welche durch den Goden an der Spitze seiner héraðr, als Kultusgemeinde, dargebracht wurden, kamen vornehmlich Pferde zur Schlachtung.

Da nun aber, wie die nachfolgende Darstellung zeigen wird, Pferde nicht bloß auf die Altäre der Götter von den Germanen gelegt wurden, sondern dieselben auch als Weihegeschenke in der Nähe ihrer Tempel, wie auch auf einzelnen Höfen, den Göttern zu Ehren gepflegt und gefüttert wurden, und man aus dem Gebaren dieser Tiere, als dem Aufstehen und Niederlegen, dem Antreten der Füße, mit dem rechten oder linken, und dem Gewieher, Orakelsprüche zu entnehmen beflissen

---

[125] Jakob Grimm: Deutsche Mythologie, 4. Ausgabe, Berlin 1876, Band II, pag. 38-40.
[126] Eg. Kap. 65.
[127] Korm. s. Kap. 23.
[128] Pag. 560, W. Golther: Handbuch der Germ. Mythol. Leipzig 1895.
[129] Pag. 40, J. Grimm: Deutsche Mytholog. 4. Ausg. Berlin 1895.

war; diese religiösen Gebräuche aber in einer höchst merkwürdigen Übereinstimmung von den eisdurchsetzten Fluten des Isafjordes bis zu den Ufern der Weichsel, ja der Wolga, also nicht bloß in der germanischen, sondern zum Teil auch in der slavischen Welt während der Heidenzeit sich finden: so müssen doch ganz besondere Gründe vorhanden gewesen sein, welche jene Naturvölker veranlaßt haben, in so übereinstimmender Weise, gerade dem Pferde die Würde eines passenden Opfer- und Weihe-Geschenkes an ihre Götter zuzueignen.

Diesen Gründen hier zunächst nachzuforschen, erscheint nicht ohne Interesse.

Bei den Germanen sprachen wohl zunächst mythologische Gründe für die Auswahl des Pferdes als Opfertier.

Während den hohen griechischen Gottheiten ein Wagengespann zugeschrieben wird, denkt sich der Germane seine Asen, eingeschlossen die Frauen unter denselben, sämtlich beritten; ausgenommen Þórr, der zu Fuße geht, oder auf einem Wagen fährt, eine Vorstellung, die sich aus dem Vergleich des ihm zugeschriebenen Donners mit dem Wagengerassel, namentlich über eine Brücke hin, von selbst ergibt. Diese 11 Pferde der Asen führen ihre eigenen Namen und sind uns bekannt[130].

---

[130] Die Namen der Pferde der Götter sind (ef. Edda Snorra Sturlusonar, Hafniae 1848, pag. 70) folgende:

Sleipnir, Óðinns Pferd, das beste von allen, gebildet von sleipr: glatt, auch gleitend.

Blóðughófi von blóðugr = blutig und hófi, ein Pferd, das Hufe hat; also „Bluthuf", Freyrs Pferd.

Fallhófnir, von fela = hüllen und hófnir, ein Pferd, das Hufe hat; also ein Pferd, dessen Hufe mit Haaren bedeckt sind.

Gisl = „Bürge".

Glaer = „Hell".

Gultoppr, von gull = Gold und toppr = Stirnhaar; also „Goldbüschel"; dem Heimdall gehörend.

Gullfaxi, von güll = Gold und faxi = ein Pferd, das eine Mähne hat; also „Goldmähne".

Gyllir, von gylla, - vergolden, also vielleicht „Goldchen".

Hófvarpnir, von hóf = Huf und varpa = werfen; also „Hufwerfer". Das Pferd der Gná, der Botin der Botin der Frigg.

Den Germanen dünkte das Roß als eine notwendige Ergänzung zu der Erscheinung eines kraftvollen Mannes, also auch des idealisierten

---

Léttfetieti, von Iettr = leicht, und feta = gehen; also „Leichttritt".
Siner, von sin = Sehne; also „Sehnert".
Skeiðbrimir, von skeið = Paßgang und brimir = feurig; also „Feuerschritt".
Die Sonnen-Rosse sind:
Alsviðr von al = ganz und sviðr = klug; also „Allklug".
Arvakr, von ar = frühe und vakr = wach; also „Frühauf".
Das Pferd der Nacht ist:
Hrímfaxi, von hrim = Reif und taxi -- ein Pferd, das eine Mähne hat; also „Reifmähne".
Das Pferd des Morgens ist: Vakr = „Munter".
Das Pferd des Tages ist:
Skinfaxi von Schein und faxi = ein Pferd, das eine Mähne hat; also „Glanzmähne", und ein zweiter Name für dasselbe Tier ist: Glaðr = „Heiter".
Wir reihen hier gleich an die in den Sagas mit Namen benannten Pferde der Helden, vor allem das Pferd des Sigurðr Fáfnisbani.
Gráni, kann abgeleitet werden von grön = Lippe; dann würde es heißen „Hängelippe"; aber wohl besser von grár = grau; also „Grauer".
Háfeti = hoch und feta = gehen; also „Hochschritt",
Svipuðr, von svipr = Lichtstreif, der schnell vorübergleitet; also vielleicht „Strahl".
Svegjuðr, von sveggja = biegen; also vielleicht „Schneidig".
Skálm, von skálma = schreiten; also „Schritt".
Fluga von fljúga = fliegen; also „Fliege",
Eiðfaxi, von Eið = ein Ort bei dem See Mjösen in Norwegen, und faxi = ein Pferd, das eine Mähne hat; ein Sohn der Fluga.
Svartfaxi von svartr = schwarz und faxi; also „Schwarzmähne".
Hvítingr von hvítr = weiß und inger, Diminutiv-Endung; also „Weißling".
Sviðgrimr, von sviða = brennen und gríma = Maske; also „Brandmaske".
Keingála, von kengr = ein krummer Haken, oder gekrümmter Rücken und ál = Riemen; also ein Pferd mit einem Streifen längs des Rückens.
Söðulkolla, söðull = Sattel und kolla = Weibchen; also „Sattelstute".
Freyfaxi, von Freyr, der Gott und faxi; also „Freysmähne".
Innikrákr, von inni = drinnen und krákr = Rabe; also ein Rappe, der den Stall liebt.

Menschen, seines Gottes. Demnach opferte er seinen Göttern das Pferd, in der Meinung, in der Auswahl dieses Tieres ihnen eine hochwillkommene Gabe zu bringen.

Aber auch aus der Beschaffenheit dieses Tieres selber heraus muß solche Auswahl erklärbar werden.

Prüfen wir diejenigen Eigenschaften des Pferdes, welche dasselbe über die anderen Tiere erheben; und zwar zunächst seine Gestalt.

Beruht die Schönheit eines organischen Wesens vor allem in der Bildung des Kopfes und in der Art, wie dieser Kopf auf Hals und Rumpf aufsitzt, so besitzt, nächst der durch nichts übertroffenen menschlichen Gestalt, das Pferd das höchste Ebenmaß seiner Glieder. Das empfanden die griechischen Plastiker, welche von allen Tieren besonders das Pferd zur künstlerischen Darstellung brachten, in Rundbildern, wie auf Reliefs. Es darf nur erinnert werden an die herrlichen Reiterzüge auf dem großen Parthenon-Friese. Ja, sie schufen im Centauren ein Mischwesen, in welchem die Schönheitslinien von Mann und Roß auf das Harmonischste ineinanderfließen, wie in der Darstellung der Lapiten-Schlacht auf dem Westgiebel des Zeustempels zu Olympia.

Aber auch innere Eigenschaften sind es, durch welche das Pferd dem Menschen näher rückt, als die anderen Tiere. Alle Tiere besitzen ja, wenn auch graduell verschieden, Verstand, weil sie Objekte zu erkennen vermögen als Ursachen, die auf ihren Leib einwirken. Aber versagt ist allen die nur dem Menschen eignende Vernunft, als die Kraft, das Verstandene nun auch zu fixieren und unter einander zu verknüpfen. Ebenso ist sämtlichen Tieren versagt die Vorstellung der Zukunft. Nur der vernunftbegabte Mensch schaut vor- und rückwärts und kann, unabhängig vom Eindruck der Gegenwart, das Ganze seines Lebens erfassen.

Das Tier lebt vor allem in der Gegenwart; nur einige Bevorzugte von ihnen besitzen die Vorstellung auch des Vergangenen[131].

In diesem engumrissenen Gebiete entwickelt das Pferd nun Eigenschaften, welche es hoch erheben.

---

[131] Arthur Schopenhauer: „Die Welt als Wille und Vorstellung". Leipzig 1844. Band I. pag. 23—26, 58, 456.

So besitzt das Pferd ein ausgezeichnetes Gedächtnis. Es erinnert sich sehr bestimmt an empfangenes Lob, wie an erhaltene Züchtigung, und bietet in dieser Eigenschaft die Grundlage für eine sehr vollkommene Dressur, wie jeder Kavallerist bezeugen wird.

Damit hängt zusammen ein sehr entwickelter Ortssinn. In weglosen Steppen kann der verirrte Reiter seinem Pferde vertrauensvoll den Zügel überlassen. Es bringt seinen Herrn sicher heim, wie ich selbst bei meiner Durchquerung der Pampas von Süd-Amerika im Sattel mehr als einmal erlebt habe; und in einen Weg, einmal gegangen, biegt selbst nach langer Zeit, ohne Zügelführung, das Pferd wieder ein.

Gerühmt wird auch mit Recht seine Pflichttreue. Es gibt Pferde, die mit Anspannung aller Kräfte ihr Ziel zu erreichen suchen, und dann, am Ziele angelangt, tot zusammenbrechen, wie die Stute „Lippspringe" unter Rittmeister, Freiherr von Reitzenstein, nachdem sie ihren Herrn auf einem Distanzritt, den 84 Meilen langen Weg von Berlin nach Wien, in 6 Tagen, mit Anstrengung aller ihrer Kräfte getragen hat; durch dieses Ziel hindurchgeht, nicht wie „ein nasses Segel, sondern mit erhobenem Kopfe und festem Tritt", dann aber, 3 Minuten später, erschöpft und tot zusammenbricht[132].

Darum: „Unter dem Sattel, oder im Sielenzeuge sterben", ist ein deutsches Wort, welches die Pflichttreue bis zum Tode auch bei Menschen kennzeichnet.

Mit dieser Pflichttreue hängt zusammen des Pferdes Ehrgeiz. Im eleganten Geschirr richtet es sich höher auf, als im Arbeitszeuge, und durch die Straßen der Stadt, wo Blicke auf ihm ruhen, schreitet es stolzer, als auf Landwegen.

Auf diesen Ehrgeiz des Tieres gründet sich der Sport des Wettrennens, indem das Pferd, aus sich selbst heraus, schon sich antreibt, durch kein anderes überholt zu werden.

Man beobachtet in Kriegen an den Pferden den Ausdruck der Freude beim Siege, den der Trauer bei der Niederlage.

Für eine pflegende, und in gerechter Art, züchtigende Hand dankbar und anhänglich, wird es zum Beißer und zum Schläger nur bei

---

[132] G. Naundorff: „Der große Distanzritt von berlin nach Wien". Breslau 1892. pag. 191, 192.

roher und ungerechter Behandlung.

Diese innere Begabung bewirkt es wohl, daß das Pferd neben dem allgemeinen Gattungscharakter auch eine sehr ausgeprägte Individualphysiognomie zeigt, wie solche in dem Maße anderen Tieren fehlt. Dieses Individuelle prägt sich aus in der sehr unterschiedlichen Kopfbildung, sowie in dem Temperamentvollen seiner Bewegungen. Es ist darum auch für das Auge eines Nichtkenners sehr viel leichter 2 Pferde von derselben Größe, Farbe und Geschlecht voneinander zu unterscheiden, als z. B. 2 Ochsen von derselben Farbe und Größe.

Sein feineres Nervensystem macht das Pferd empfänglich für die Vorahnung kommender Dinge. So wittert es voraus die kommende Witterung.

Ásmundr und Bjarg vertraut der Klugheit feiner Stute Keingála, als einer sicheren Wetterprophetin. Sie weiß schon am frühen Morgen, ob der Tag einen Schneesturm bringen werde, und verläßt dann den Stall nicht[133].

Ja selbst ein zwecksetzendes Handeln wird dem Pferde zugetraut. So Hrafnkell. Er sagt zu Freyfaxi, dem Pferde, welches vor seines Herrn Tür sich aufstellend, durch lautes Gewieher die durch den Knecht ihm widerfahrene Mißhandlung meldet: „heima hafðir þú vit þitt, er þú sagðir mér til, fóstri minn"[134], d. h. daheim hattest du deinen Witz, mein Liebling, als du mir dieses ansagtest.

Ja, selbst die Gabe der Weissagung wird dem Pferde zugeschrieben, und zwar übereinstimmend von Germanen, wie von Slaven. Beide halten unter Umständen Pferde für die Mitwisser der Götter und meinen, daß Stimmen der Himmlischen durch dieselben zu den Menschen reden.

Beispiele finden sich dafür in den Sagas.

Die beiden Landnahmsleute, die Bergdís und Þorir, folgen, auf Island angelangt, ihrer klugen Stute Skálm. Wo sie sich unter ihrem Gepäck niederlegen werde, da wollen sie den Hof aufbauen. Und sie folgen dem voranschreitenden Tiere 2 Sommer lang durch die ganze Gegend zwischen dem Breiði- und Borgarfjörðr. Endlich þar sem

---

[133] Gretl. Kap. 14.
[134] Hrafnks. pag. 8

sandmelir tveir rauðir stóðu fyrir; þar lagðist Skálm niðr undir klyfjum; þar nam Þórir land[135], d.h. dort, wo 2 rote Lavahügel vorsprangen, da lagerte sich Skálm unter der Last. Dort nahm Þórir Land.

Sodann, Frau Signy auf Breiðabólstaðr ist auf der Reise hin zu Grímkell auf Ölfusvatn, begleitet von 29 Mann, und übernachtet im Hofe Þverfell im Reykjardalr. Über Nacht stirbt ihr Reitpferd Svartfaxi auf der Weide, Als am Morgen ihr der Unfall gemeldet wird, befiehlt sie nicht etwa das Satteln eines anderen Pferdes, sondern schleunige Umkehr: „vil[136] ek aptr hverfa ok ekki fara leingra; þetta er il furða", d. h. „umkehren und nicht weiter reisen. Das ist ein böses Zeichen!" Aus dem Schicksal des Pferdes glaubt sie eine warnende Gottesstimme zu hören.

Zu diesen beiden Zeugnissen aus Island gesellt sich der Bericht des Tacitus, welcher über die Pferdeorakel der Germanen eingehend schreibt[137]:

„proprium gentis equorum quoque praesagia ac monitus experiri; hinnittusque ac fremitus observant nec ulli auspicio major fides, non solum apud plebem, sed apud procures, apud sacerdotes; se enim ministros deorum, illos concios putant."

In derselben Weise berichtet Saxo grammaticus[138] über die Pferde-Orakel, üblich bei den Slaven. In seiner historia danica, bei der Schilderung der Erstürmung Arconas durch König Waldemar I. gibt er eine eingehende Beschreibung des dortigen Tempels des Svantovit, sowie

---

[135] Lndm. II. Kap. 5.
[136] Hárdars. Kap. 4.
[137] Cornelii Taciti Germania, Kap. 10. Edit. Heinrich Schweitzer-Sidler. Halle 1879.
[138] Saxonis grammatici historia danica. Edit. Pet. Erasmus Müller. Havniae 1839. pag. 825-827.
Diesen historischen Bericht kommentiert der gelehrte Bischof, als Herausgeber, mit folgenden Sätzen: „fides in equorum vaticinandi vi posita omnibus Vendorum populis communis fuisse videtur. Sed haec consvetudo non Vendis propria erat. Etiam Prussi et Livones, fortasse caeteri quoque populi Slavici, equos sacros alebant lisque vaticinandi vim tribuebant. quin haec supersticio populis Slavicis cum Germanis et Scandinavis communis fuisse videtur!"

des darin üblichen Kultus. Er berichtet, dem Götzen werden im Umkreise des Tempels 300 Pferde gehalten und außer diesen noch sein Leibroß von weißer Farbe. Bei diesem Letzteren holt man ein die Orakel, besonders vor jeder Kriegsunternehmung; dann aber auch bei geringfügigeren Anlässen quae auspicia, si laeta fuissent, coeptum alacres iter carpebant; sin tristia, reflexo cursu propria repetebant.

So galt das Pferd den Germanen, wie den Slaven, nicht bloß für ein überaus nützliches, sondern auch für ein reines und heiliges Geschöpf.

Aus dieser Wertschätzung des Tieres möchten wir ableiten folgende Ausnahmebestimmung der Grágás. Während dieses Landrecht der Isländer alle anderen Haustiere durch Einschnitte in die Ohren, oder in die Schwimmhäute zu markieren anordnet[139], wird diese Bestimmung zu Gunsten des Pferdes ausdrücklich aufgehoben: „hross er oc eigi scyllt at einkynna"[140] d. h. man ist nicht verpflichtet, die Pferde zu markieren!

Die bisherige Betrachtung wird ausreichen, um den Satz für erwiesen zu halten, daß der Germane und mit ihm der Isländer, nach seiner Anschauung, dem Pferde eine wohlbegründete Dignität zugeschrieben hat.

Demnach, wenn er nun den religiösen Entschluß faßte, seinen hohen Göttern Óðinn, Þórr, Freyr nicht bloß im Gebete zu nahen, sondern auch dieses Gebet zu verstärken durch eine wertvolle Gabe aus seinem Eigen, um durch dieselbe die Himmlischen zu verpflichten, sich selbst aber zu entsühnen: dann kann es nun nicht mehr befremden, daß er von allen seinen Haustieren gerade das Pferd zu solcher Opfergabe aussonderte und am würdigsten erachtete.

Von der örtlichen Einrichtung eines Heidentempels auf Island, in welchem solche Pferdeopfer dargebracht wurden, gewinnen wir ein

---

[139] Grágás, pag. 154 und 155, oder II. Kap 225: hver maðr scal eina einkvn eiga a fe sino. baeðe navtom oc savðom. Navt oc savðe oc svin scal maðr marka a eyrom en fogla scal marka a fitiom, d.h. Jedermann soll eine Marke an seinem Vieh haben, an Rindern wie an Schafen. Rind, Schaf und Schwein soll man an den Ohren zeichnen, aber Vögel an den Schwimmhäuten.

[140] Grágás (Staðarhólsbók) Kap. 187 (XI). Kjøbenh. 1879.

sehr anschauliches Bild aus der Darstellung der Eyrbyggja saga[141]; allein die Darstellung einer Opferhandlung selbst in ihren einzelnen auf einander folgenden Szenen, suchen wir in den Sagas, soweit sie Vorgänge, auf Island geschehen, uns berichten, vergebens. Dagegen norwegische Opferszenen, in denen Pferde zur Schlachtung kamen, berichten uns die Sagas, wenn auch mehr aus politischem, als aus religiösem Antriebe, und darum auch nach dieser Seite hin leider nicht so ausmalend, wie wir das wünschten. Wir verdanken diese Darstellung der Heimskringla[142]. Hákon, der Gute, des Königs Haraldr hárfagri spätgeborener, unächter Sohn, aber in England von König Aðalsteinn zu einem christlichen Heldenjüngling erzogen, wird von den Bauern der mächtigsten Landschaft Trondjem zum Könige im jugendlichen Alter ausgerufen und bald Vollkönig über Norwegen. Seine christliche Überzeugung, ihm ernst, kommt in wiederholten Konflikt mit den noch strengheidnischen Bewohnern seines Landes, namentlich bei Gelegenheit der großen Opfer, wo dann stets der treue Jarl Sigurðr zwischen den harten Gegensätzen zu vermitteln sucht. Aus diesem politischen Anlaß werden mehrfache Opferszenen aus Maeri und Hlaðir berichtet, wo dem christlichen Könige von seinen Bauern es stufenweise abgefordert wird, Pferdefleisch, Pferdefett, Pferdeleber zu essen, oder doch von der Pferdefleischbrühe zu trinken, endlich wenigstens den Mund über den Opferkessel zu halten, und den aus der Brühe aufsteigenden Broden einzuatmen. Der König, übrigens ein Charakter und ein Held, muß sich überwinden, hier und da seinen politisch treuen, religiös starren Untertanen einige Nachgiebigkeit zu zeigen. Aus diesem politischen Anlaß erfahren wir Einiges über die Vorgänge bei diesen Pferdeopfern.

Selbst König Ólafr helgi, welcher 55 Jahre später als Hákon goði die Regierung über Norwegen antrat, muß sich noch über die Bauern von Trondhjem verdrießen, weil sie bei ihren Trinkgelagen zu Wintersanfang nach altem Brauch den Asen den Minnebecher trinken und mit dem Blute geschlachteter Rosse die alten Heidenaltäre röten, ob-

---

[141] Eb. Kap. 4
[142] Heimskringla: Nóreges konungra sogur af Snorri Sturluson, udgivne veð Finnur Jónsson. Kjøbenhav. 1893ff. I. pag. 191-194.

wohl sie das Kreuzeszeichen längst empfangen hatten, unter dem Vorgeben: „at þat skyldi verrat il arbótar", d. h. „das solle dienen, das Jahr fruchtbar zu machen!"

So fest haftete der Brauch des Pferdeopfers in den Herzen der Nordlandsleute.

Auch über die in Schweden dargebrachten Pferdeopfer besitzen wir ein zuverlässiges und recht vollständiges Zeugnis.

Adamus magister scolarum Bremensis schrieb im Auftrage seines Vorgesetzten, des Erzbischofs von Hamburg, um das Jahr 1075 eine Geschichte und Geographie der dem Erzbistum unterstellten Nordlande. In dieses Werkes 4. Buche, welches bringt eine descriptio insularum aquilonis, im 27. Kapitel, spricht er über die Opfer zu Upsal in dem damals noch heidnischen Schweden.

Nachdem er erzählt, wie bei drohenden Seuchen und Mißwachs dem Þórr, bei bevorstehenden Kriegen dem Óðinn, bei Eheschließungen dem Freyr dort geopfert werde, spricht er von den großen jedes 9. Jahr wiederkehrenden Opfern, gemeinschaftlich für alle Provinzen des Schwedenlandes in Upsal begangen. Könige, wie Völker, Gemeinden, wie Privatleute senden dazu ihre Gaben.

Dann fährt er in seinem Berichte fort: „ Sacrificium itaque tale est. Ex omni animante, quod masculinum est, novem capita offeruntur, quorum sanguine deos placari mos est. Corpora autem suspenduntur in lucum, qui proximus est templo. Is enim lucus tam sacer est gentibus, ut singulae arbores ejus ex morte vel tabo immolatorum divinae credantur. Ibi etiam canes et equi pendent cum hominibus, quorum corpora mixtim suspense narravit mihi aliquis christianorum vidisse. Ceterum neniae, quae in ejusmodi ritu libationis fieri solent, multiplices et inhonestae ideoque melius reticendae."

Wir entnehmen dieser Darstellung für unsern Zweck, daß bei diesen Opfern zu Upsal 9 Hengste geschlachtet, ihr Blut als Sühnmittel benutzt und die ganzen Pferde an den heiligen Bäumen rings um den Tempel, untermischt mit anderen Leichen, aufgehängt wurden. Auch sind Lieder zu dieser Opferfeier gesungen, deren Inhalt dem christlichen Berichterstatter mißfallen, und die er darum in sehr bedauerlicher Weise unterdrückt.

Unter „corpora equorum suspensa" sind wohl kaum zu verstehen die Fleischkörper der Tiere, da eben das Fleisch der geschlachteten Pferde nach übereinstimmenden Zeugnissen, die wir sonst besitzen, von der Opfergemeinde in gekochtem Zustande verzehrt wurde, durch welches Essen eben der Opfernde mit der im Opfer angesprochenen Gottheit in Verbindung trat. — Andererseits werden Pferdeköpfe und Felle, in den heiligen Hainen aufgehängt, vielfach erwähnt. Daher, wenn der christliche Gewährsmann des Adam ganze Pferdekörper, in dem Haine zu Upsal aufgehängt, wirklich gesehen hat, so müssen das die Felle der geopferten Pferde gewesen sein, welchen man etwa durch eine Ausstopfung mit Heu oder Werg die natürliche Rundung gab. Und auch nur in diesem Zustande hatten solche Präparate die Aussicht, sich einige Zeit zu halten, ohne in die widerwärtigste Verwesung überzugehen.

Aber auch für Island fehlt uns nicht der Beweis, daß in den dortigen Heidentempeln einst Pferde geschlachtet worden sind, wenn wir diesen Beweis auch dem verschwiegenen Schoß der Erde entheben müssen.

Am Hvalfjörðr[143], einer Abzweigung des Faxa-Fjörðr, auf der Halbinsel Þyrilsnes lag ein Hof Þyrill Er gehörte einst dem Bauer Þórsteinn, welcher in der Harðar-Saga Grímkelssonar[144] eine große Rolle spielt. Hier stand nach der Überlieferung ein blóthús (Opferhaus), von dem noch Spuren sichtbar sind. Nachdem man sich darüber Gewißheit verschafft, daß auf dieser Stelle später weder eine Scheune, noch ein Viehstall gestanden hätte, wurden im Sommer 1880 durch Sigurðr Vigfússon, den Konservator der Reykjavíker Altertumssammlung, hier Ausgrabungen vorgenommen. Sie förderten zu Tage Asche, und mit dieser durchmengt, Pferdezähne. Diese Zähne rühren ohne Zweifel her von den in der Heidenzeit in diesem Tempel hier geschlachteten Opferpferden.

Das Geschlecht der Opferpferde steht fest nach Adams Bericht: „quod masculinum est, offertur". Indessen über die Farbe derselben steht die Untersuchung noch aus. Tacitus nennt candidi, equi qui publi-

---

[143] Kr. Kaalund: Islands Fortidslaevninger, saertryk af Aarbørger for nord oldk og historie. Kjøbenhavn 1882. pag. 84.
[144] Harðars, Kap. 36.

ce aluntur nemoribus deorum[145]. Und Saxo gleichfalls nennt „albi coloris equum" welches Svantovitus in seinem Tempel zu Arcona besaß[146]. Auch die Nordlandskönige, wenn sie zu Staatsakten öffentlich aufritten[147], saßen stets auf weißen Rossen. Auf einem solchen sitzend, findet sich abgebildet König Ólafr helgi, ausreitend unter das Volk, in seinem Königsschmuck[148].

Und die Sagas der Isländer heben die weiße Farbe der Pferde als besonders vornehm hervor. Oft wiederholen sich dort Ausdrücke wie diese: „kann var hvítr at lit", oder „sá hestr var sonr Hvítings, ok var allhvítr at lit", oder „hann átti tvo hesat alhvíta, nema á eyrunum, þar voru þeir svartir".

So werden es denn auch sicherlich Hengste von weißer Farbe gewesen sein, welche auf Island den Göttern geschlachtet wurden.

Es läßt sich annehmen, daß diese Tiere, schon als Füllen ausgesondert für ihren religiösen Zweck, von jeder Dienstleistung zum Nutzen der Menschen befreit blieben. Denn es erschien mit Recht unschicklich, einem Gotte ein Pferd anzubieten, das zuvor schon von Menschen bestiegen, oder gar abgenutzt war. So bezeichnet Tacitus die den Göttern durch die Germanen geweihten Pferde als „nullo mortali opere contacti[149]", und Hrafnkell bestraft das Besteigen seines dem Gotte Freyr geweihten Hengstes an dem schuldigen Knecht mit dem Tode[150]. Diese zum Opferdienste ausgesonderten weißen Hengstfüllen mochten wohl in der Umgegend der Heidentempel ihr Futter bekommen.

So findet König Ólafr Tryggvason, willens, selbst zum Tempel des Freyr zu gehen, um den widerspenstigen Bewohnern von Throndhjem zum Trotz, ihr Götterbild dort mit eigener Hand zu zerstören, Pferde am Wege, von welchen seine Begleiter sagen, daß sie dem Freyr ge-

---

[145] Cornelli Taciti Germania, Kap. 10.
[146] Saxonis grammatici historia danica, pag. 826.
[147] J. Grimm: Deutsche Mythologie, pag. 548.
[148] Auf einer gemalten Holztafel im National-Museum zu Kopenhagen unter folgender Bezeichnung: Malet Forside till Alterbord med hellig Olafs Billede og scener af hans historie fra Trondjem.
[149] C. Taciti germania, Kap.10.
[150] Hrafnks. pag. 8.

hörten: "en er hann kom a land þa sah ans menn stóðross nokkur vid ueginn er þeir sögdu at Freyr etti[151]

Diese Einrichtung mochte nun auch wohl für Island gelten, von dem sein Historiograph, Ari hinn fróði[152], bezeugt, daß seine Gesetze, und, dann dürfen wir gewiß auch schließen, seine religiösen Gebräuche zur Heidenzeit, im Wesentlichen denen des Mutterlandes Norwegen geglichen hätten.

Den Hergang beim Opfer nun dürfen wir uns etwa folgendermaßen denken:

Die Opferpferde wurden in dem Tempel zu den Füßen der Götterbilder geschlachtet. Mit dem entströmenden Blute, diesem Quell alles Lebens, sorgsam aufgefangen in einem Opferkessel, besprengte der Priester, auf Island also der goði, das weltliche und geistliche Haupt der hérað, den heiligen Eidring (hringr einn mótlauss, tvitögeyringr[153]) am Arme, mittelst des Sprengquastes, vor allem das Bild des Gottes, dem zu Ehren dieses Opfer geschah.

Durch solche Besprengung glaubte man das Herabkommen des himmlischen Geistes in das tote Bild zu bewirken[154]. Dann wurden mit dem Blute besprengt auch die Säulen des Tempels und die Opfergemeinde. Die edleren Teile des geschlachteten Pferdes, als Leber, Herz, Zunge gehörten dem Gottes. Kopf und Fell wurden in der Nähe des Tempels als Weihegeschenk aufgehängt. Das Fleisch, das Fett und die Brühe wurden verteilt unter das opfernde Volk. An das Mahl schloß sich an der Trunk. Der erste Becher gehörte der Minne des Gottes, dem man in diesem Opfer nahte. Dann folgten andere, feierliche Trinksprüche, vom Leiter des Opfers, von seinem Hochsitze herab, ausgebracht. Endlich geht die religiöse Handlung in ein heiteres Gelage über. Häufig kommt es auch vor, daß bei solch feierlichen Opferfesten von Leuten, die sich hervortun wollen, förmliche Gelübde abgelegt wurden,

---

[151] Flateyjarbók, udgiven efter offentlig foranstaltning, Christiania 1860. pag. 401. d. I. Bandes.
[152] Islendingabók Ara prests ens froþa Þorgilssonar, Kap. 2 und 8. Ausg. Th. Möbius, Leipzig 1869.
[153] Eb. Kap. 4.
[154] E. Mogk. Pag 1118 des Grundrisses.

welche auf die Vollbringung irgendeines großen Unternehmens abzielten[155].

Aber auch Privatpersonen unterhielten auf Island, auf ihren Höfen, zuweilen einem der Götter, den sie besonders liebten und ehrten, ein Pferd als Weihegeschenk. Von dem Bonden Brandr[156] im Vatnsdalr haben wir es bezweifelt, daß der über ihn gebrauchte Ausdruck: „hefði átrunað á Faxa" im Sinne einer religiösen Verehrung dieses Tieres zu deuten sei, weil dasselbe von seinem Besitzer auch zu werktägiger Arbeit benutzt wurde, was bei einem Weihegeschenk unstatthaft war; aber Hrafnkell auf dem Hofe Aðalbol, im Osten Islands, ist hier ein zutreffendes Beispiel. Dieser hatte, und zwar nicht in seiner Eigenschaft als goði beim Tempel, sondern als Privatmann auf seinem Gute, dem Gotte Freyr, wie hinzugesetzt wird „vin sínum", d. h. seinem persönlichen Freunde, den Hengst Freyfaxi geschenkt, und zwar merkwürdiger Weise „hálfan", d. h. halbpart. Diese Teilung war geschehen, nicht aus Geiz, um die andere Hälfte für sich zu behalten, vielmehr in der Absicht, es wollte der Donator mit dem empfangenden Gotte in dem gemeinschaftlich besessenen Tiere fester die Hand sich reichen und den begehrten Bund knüpfen. Daher auch das strenge Gelübde: „hann skyldi þeim manni at bana verða, er hánum riði an hans vilja", d. h. „er sei entschlossen, den Mann zu töten, welcher dieses Pferd bestiege ohne seinen Willen"; und dann die darauf folgende strenge Ahndung an dem schuldigen Knecht, Um so größer nun Hrafnkell's Befremden, später seine Entrüstung, als der Gott in dem Prozeß, welcher aus dem Totschlag des schuldigen Knechts für Hrafnkell entspringt, diesen völlig im Stiche läßt, eine Entrüstung, die sich dann steigert zu der Erklärung: „ek hygg þat hégóma at trúa á goð!" — d. h. ich halte es für einen Wahn, an einen Gott zu glauben! —

Der Sieger über Hrafnkell, welcher diesen nach dem gewonnenen Prozeß von Haus und Hof vertrieben hat, ist weit entfernt mit dem erbeuteten Weihegeschenk des Gottes einen átrunaðr zu treiben; im Gegenteil, er läßt Freyfaxi sich vorführen und erklärt: „hestr þessi synist mér eigi betri, enn aðrir hestar, heldr því verri, at mart illt hefir

---

[155] J. Grimm: Deutsch Myth. Pag. 46.
[156] W. Golther: Germ. Mythologie. Pag. 563.

af hánum hlotizt", d. h, dieses Pferd erscheint mir nicht besser als andere Pferde, vielmehr schlechter, weil viel Übel von ihm gekommen ist! —

Freyfaxi wird dann auch von einem Felsen hinabgestürzt und so getötet.

Eine recht kühle Betrachtungsweise der Dinge; aber der Beweis, wie bereits die neuen Ideen, vom Süden heraufkommend, zersetzend in den Glauben an die altnordische Götterwelt eindringen.

Nach der gehobenen Stellung, welche wir dem Pferde in der Schätzung der Germanen zufallen sahen, als einer auserwählten Opfergabe und einem lebenden Weihegeschenk an die Götter, sowie einem oft befragten Orakel, um den Willen der Himmlischen zu erforschen, kann es nun nicht mehr befremden, daß man sich dasselbe auch als ein Medium für dämonische Kräfte dachte.

Einer doppelten Vorstellung gab man hier Raum.

Man glaubte nämlich, daß Dämonen in die Gestalt von Pferden sich kleiden, um den Menschen zu erscheinen, und dann wieder glaubte man, daß Menschen sich mit Erfolg der Trennstücke eines geschlachteten Pferdes, namentlich des Kopfes, bedienen könnten, um übernatürliche Wirkungen hervorzubringen.

Für Beides haben wir in den Sagas ein Beispiel,

Auðun der Landnahmsmann, welcher sich am Hraunsfjörðr auf Snaefellsnes angebaut hatte, sah im Herbst ein apfelgraues Pferd, vom Hjarðarsee her, zu seinen Koppelpferden herabrennen, deren Hengst angreifen und niedertreten. Da fuhr Auðun zu, packte jenes graue Pferd, spannte es vor einen zweispännigen Ochsenschlitten, und fuhr mit ihm zusammen all sein Heu auf der Hauswiese. Das Pferd ließ sich vortrefflich lenken in den Mittagsstunden; am Nachmittage aber senkte es seine Hufe in den Erdboden bis zur Fessel. Als dann die Sonne sank, sprengte es all sein Lederzeug, und stürzte nach dem See zurück. Nie ward es wieder gesehen! —

„Auðun sá um haust at hestr apalgrár rann ofan frá Hjarðarvatni ok til stóðhrossa; hans; sá hafði undir stóðhestinn; þá fór Auðun til, ok tók enn grá hestinn, ok setti fyrir tveggja öxna sleða, ok ók saman alla töðu sína." „Hestrinn var góðr meðfarar um miðdegit; enn er á leið, steig hann í völlinn til hófskeggja; enn eftir sólar fall sleit hann allan reiðing ok hljóp til vatnsins; hann sást aldri siðan".

Das gespensterhafte Kommen und Verschwinden dieses Pferdes im Zusammenhang mit dem See; der Versuch des Tieres, die Pferdekoppel des Auðun niederzutreten; das zeitweilige Sichbändigenlassen, dann das Zerreißen aller Fesseln und wilde Hinwegstürmen bei einbrechender Dunkelheit, in der alle dämonischen Kräfte sich stärker zu regen anfangen: alles dieses deutet darauf hin, daß wir es hier mit der Erscheinung eines Dämons, vielleicht eines Wasserdämons, in Pferdegestalt zu tun haben.[157]

Sodann hatte man die Vorstellung, daß Menschen unter Benutzung der Trennstücke eines geschlachteten Pferdes übernatürliche Wirkungen hervorzubringen vermochten; wie ja die Zauberei als eine unzertrennliche, dunkle Begleiterin dem heidnischen Götterkultus stets gefolgt ist. Namentlich der Kopf des Pferdes wurde für diese Zwecke benutzt. Dieser Kopf, welcher niemals verzehrt wurde, sondern stets den Göttern geweiht blieb, den man in der Nähe des Tempels aufhing, und von dem man glaubte, daß in ihm die Klugheit des Tieres weiterlebe.

Dieser abgeschnittene Pferdekopf scheint dann allerdings in einem doppelten Sinn verwandt worden zu sein, um Unheil zu brechen, und um Unheil zu bringen. Die Richtung, welche man dem Maul des aufgepflanzten Pferdekopfes gab, muß hier wohl maßgebend gewesen sein. Die auf dem Haus- oder dem Stallgiebel angebrachten, sich kreuzenden Pferdeköpfe, in den Nordlanden noch heute so verbreitet[158], mit den Mäulern dem Hause abgekehrt, scheinen als ein Bewahrungsmittel vor Unheil für das Gehöft benutzt worden zu sein. Dagegen ein abge-

---

[157] „Die nordische Mythologie schreibt allen Göttern die Fähigkeit zu, durch Selbstverwandlung ihre Gesatlt zu ändern. So erscheint Loki als Lachs, Weib, Fliege, Floh und als Stute". Pag. 103 Band II. K. Maurer: Die Bekehrung des Norwegischen Stammes zum Christentum. München 1856.

[158] R. Meiborg: Das Bauernhaus im Herzogtum Schleswig (Deutsch von R. Haupt) Schleswig 1896. pag 30ff. Ebendort pag. 17: „Unter der Lehmdiele sind Donnerkeile und ein Pferdekopf eingegraben, das Glück bringen soll; denn es ist ein altes Sprichwort: „Pferdekop in Deel gift Glück in Hus!"

schnittener Pferdekopf, gesteckt auf eine Stange, und das Maul dem Hause zugekehrt, galt als ein Bringer von Unglück für dieses Haus!

Zu verstärken glaubte man diese Wirkung, wenn das Gebiß des Pferdehauptes aufgesperrt und durch dazwischengeklemmte Holzstäbe in dieser gähnenden Stellung erhalten wurde[159].

Man nannte diesen Aufbau, ein abgeschnittenes Pferdehaupt mit geschlossenem, oder aufgerissenem Maul, auf die Spitze einer Holzstange gesteckt, welche man, unter Innehaltung einer bestimmten Richtung, irgendwo in den Erdboden pflanzte, bei den heidnischen Isländern eine níðstöng, d. h. Fluchstange. Dazu kamen dann noch Runen, in die Holzstange eingeschnitten, welche den beabsichtigten Fluch über eine bestimmte Person aussprachen.

Egill Skallagrímsson, von dem Könige Eiríkr und dessen Gemahlin Gunnhildr schwer verletzt, verläßt Norwegen. Auf einer Insel indessen, dem Festlande nahe, hält er an, und errichtet hier dem Könige und der Königin eine Fluchstange, über beide das Verderben herabrufend. Der Vorgang ist höchst charakteristisch, und wird in der Saga beschrieben, wie folgt:

„Sie rüsten sich zur Fahrt, und als sie segelbereit waren, stieg Egill die Insel hinauf, nahm in seine Hände eine Haselstange und erklomm einen Felsenvorsprung, dem Festlande zugewandt. Darauf griff er nach einem Pferdehaupte und pflanzte es oben auf die Stange. Sodann sprach er einen Spruch: „Hier richte ich auf eine Fluchstange, und sende diesen Fluch zu den Händen Eiríkrs, des Königs und Gunnhildr, der Königin". — Er richtete das Pferdehaupt gegen das Festland. — „Ich sende diesen Fluch zu den Schutzgeistern, welche dieses Land bewohnen, so daß sie alle dahinfahren auf Irrwegen, keiner fühle noch finde seine Heimstatt, bevor sie gestoßen Eiríkr und Gunnhildr aus dem Lande". Darauf stößt er die Stange nieder in den Felsenspalt und ließ sie dort stehen. Er wandte auch das Haupt dem Festlande zu; aber in die Stange ritzte er ein Runen und es sprachen diese Runen aus alle jene Worte. Nachdem dieses vollbracht war, bestieg Egill sein Schiff. Sie hißten die Segel und stachen in See". —

---

[159] J. Grimm: Deutsche Mythologie 4. Ausgabe. Berlin 1876. pag. 38, 549, 550.

Dieser Übersetzung schließen wir an den altnordischen Text.

„Búast[160] þeir til at sigla. Ok er þeir vóru seglbúnir, gekk Egill upp í eyna. Hann tók í hönd sér heslistöng, ok gekk á bergsnös nökkura, þá er vissi til landsins. Þá tók hann hrosshöfuð ok setti upp á stöngina. Siðan veitti hann formála ok maelti svá: „Hér set ek upp níðstöng ok sny ek þessu níði á hönd Eiríki konungi ok Gunnhildi drotningu" – hann sneri hrosshöfðinu inn á land – „sny ek þessu níði á landvaettit þaer er land þetta byggja, svá at allar fari þaer villar vegar, engi hendi né hitti sitt inni, fyrr enn þaer reka Eirík konung Gunnhildi ór landi". Síðan skytr hann stönginni níðr í bjargrifu ok lét þar standa. Hann sneri ok höfðinu inn á land, enn hann reist rúnar á stönginni, ok segja þaer formála þenna allan. Eftir þat gekk Egill á skip. Tóku þeir til segls ok sigldu á haf út."

So hat denn das Pferd im Dienste des Isländers zur Saga-Zeit als sein wohlgepflegter Liebling, wie wir gesehen haben, die reichste Verwertung gefunden, daheim im fleißigen Betriebe seines Wirtschaftshofes, dann auswärts auf frohen Fahrten, wie bei leidenschaftlichen Kämpfen, als ein Sport mancherlei Art; sowie auch in jenen ernsten Stunden, wo der Mensch sein Herz von den irdischen Dingen abzieht, an Gräbern und Altären, um der himmlischen Dinge zu gedenken.

Und auch noch jetzt, wenn der Bauer im heutigen Island, der verarmte Nachkomme reicher Vorfahren, beabsichtigt, benachbarte Freunde, oder die oft weitentlegene Kirche, die Landeshauptstadt, oder das Þing zu besuchen, dann steigt er zu Pferde, er, sein Weib und seine Kinder.

Oder, wenn der Forscher landet, um die altberühmten Kulturstätten zu sehen, wo einst von einem unvergeßlichen Heldengeschlechte gebaut und gekämpft, gesagt und gesungen wurde; dann muß auch er das isländische Pferd besteigen, jenes treue Tier mit den klugen Augen und festen Hufen und dem willigen Sinn, damit es ihn trage zu den alten Þing-Plätzen, zu den Resten verfallener Höfe und versunkener Tempel.

Für sie alle ist dieses isländische Pferd noch immer, was es in der klassischen Zeit für einen Snorri goði, einen Egill Skallagrímsson,

---

[160] Eg., kap. 57.

einen Ari hinn fróði war, der treue Reisebeschleuniger, der „fararskjóti"!

Gebrauchte Abkürzungen

1. Lndm. — Landnáma.
2. Eg. — Egla.
3. Gunnls. — Gunnlaugssaga.
4. Harðars. — Harðarssaga.
5. Bjarnars. — Bjarnarsaga.
6. Laxd. — Laxdaela.
7. Gísl. — Saga Gísla Súrssonar.
8. Gullþ. — Gullþórissaga,
9. Fóstbrs. — Fóstbroeðrasaga.
10. Bandams. — Bandamannasaga.
11. Hönsa þ. — Hönsa þórissaga.
12. Heiðarvigs. — Saga af Viga Styr ok Heiðarsvigum.
13. þorst. hv. — þáttr af þorsteini hvíta.
14. Vpnfs. — Vápnfirðingasaga.
15. Fljótsd. — Fljótsdaelasaga.
16. þorðars. — Saga af þórði hreðu.
17. Gretl. — Grettissaga.
18. þorst. stang. — þáttr af þorsteini stangar höggs.
19. Eb. — Eyrbyggjasaga.
20. Vd. — Vatnsdaelasaga.
21. Glúma. — Víga Glúmssaga.
22. Ljósvetn. — Ljósvetningasaga.
23. Reykd. — Reykdaelasaga.
24. Svarfd. — Svarfdaelasaga.
25. Finnb. s. — Finnbogasaga hins ramma.
26. Flms. — Flóamannasaga.
27. Nj. — Njála.
28. Hrafnks. — Saga af Hrafnkeli freysgoða.
29. Korms. — Kormákssaga.

Verzeichnis der benutzten Quellen, wie wissenschaftliche Hilfsmittel

1. Islendingabók, herausgegeben von Th. Möbius. Leipzig 1869.
2. Landnamabók, udgiven of det kongelige nordiske Oldskift Selskab Københav. 1843-89.
3. Flateyjarbók, udgiven efter offentlig Foranstaltning. Christiania 1860.
4. Heimskringla: Nóregs konunga sogur af Snorri Sturluson, udgiv. ved Finnur, Jónsson, Københaven 1893ff.
5. Edda Snorra Sturlusonar - - Hafniae 1848.
6. Kristnisaga, pag. 1-32 d. Biskupa Sögur gefnar ut af hinu islenzka Bókmentafélagi. I. B. Kaupmanna höfn 1858.
7. Grágás, udgivet efter det kongelige Bibliotheks Haandskrift af Vilhjálmur Finsen, Kjøbenhavn 1852.
8. Egilssaga Skallagrimssonar, udgiven ved Finnur Jónsson. København 1886-88.
9. Gunnlaugssaga ormstungu udgiv. af det kongel. nord. Oldsk. Selskab Københav. 1843-89.
10. Harðarssaga Grimmkelssonar ok Geirs   udgiv. af det kongel. nord. Oldsk. Selskab Københav. 1843-89.
11. Bjarnarssaga hídoelakappa, herausgegeben v. T. Boer. Halle a. S. 1893.
12. Laxdaelasaga, herausgegeben v. Kristian Kaalund. Halle a. S. 1896.
13. Saga Gísla Súrssonar ved Konrað Gíslason. Kjøbenhavn 1849 u. 52.
14. Fóstbroeðrasaga ved Konrað Gíslason. Kjøbenhavn 1849 u. 52.
15. Bandamannasaga, ved H. Fritðriksson. Kjøbenhavn 1850.
16. Hönsa þórissaga af det kongel. nord. Oldskr. Selskab. Kjøbenhavn 1843-89.
17. Saga af Viga-Styr ok Heiðarvigum. dgl.
18. þáttr af þorsteini hvíta besörgt af G. Thordason. Kjøbenhavn 1848.
19. Vápnfirðingasaga besörgt af G. Thordason. Kjøbenhavn 1848.
20. Saga af Helga ok Grími Droplaugarsonum, besörgt af Konrað Gíslason. Kjøbenhavn 1847.

21. Saga af Þorsteini Siðuhallssyni. V. demselben 1860.
22. Grettissaga ved Magnússon og G. Thordarson. Kjøbenhav. 1859.
23. Þáttr af Þorsteini stangar högg besörgt af G. Thordason. Kjøbenhavn 1848
24. Eyrbyggjasaga, herausgegeben von Hugo Gering. Halle 1897.
25. Vatnsdaelasaga, herausgegeben bon Guðbrandr Vigfússon und Th. Möbius. Leipzig 1860.
26. Viga-Glúmssaga in Islenkar fornsögur, gefnar út af hinn íslenzka bókmenntafélagi. Kaupmannshöfn 1880-83.
27. Ljósvetninggasaga in Islenkar fornsögur, gefnar út af hinn íslenzka bókmenntafélagi. Kaupmannshöfn 1880-83.
28. Reykdaelasaga in Islenkar fornsögur, gefnar út af hinn íslenzka bókmenntafélagi. Kaupmannshöfn 1880-83.
29. Svarfdaelasaga in Islenkar fornsögur, gefnar út af hinn íslenzka bókmenntafélagi. Kaupmannshöfn 1880-83.
30. Finnbogasaga, herausgegeben von Hugo Gering. Halle a. S, 1879.
31. Flómannasaga, herausgegeben von Guðbrandr Vigfússon u. Theod. Möbius, Leipzig 1860.
32. Njála, udgivet efter gamle handskrifter af det kongelige nordiske oldskriftselskab, I. Bind: in Islandingasögur, udgivne af det kongelige nordiske oldskriftselskab, III. Bind.
33. Saga af Hrankeli freysgoða, anden Udgave, besörgt ved K. Gíslason, Kjøbenhavn 1847.
34. Kormákssaga búið hefir til prentunar Valdimar Ásmundarson. Reykjavik 1893.
35. Egilssaga ok Ásmundar: Fornaldarsögur norðrlanda, búið hefir til prentunar Valdimar Ásmundarson, III. Bind. Reykjavik 1889.

1. Adami gesta hammaburgensis ecclesiae pontificium ex recensione Lappenbergii. Hannoverae 1876. Editío altera.
2. Johannes Erici. Isl. Disquisitio de Philippia, sive amoris equorum apud priscos boreales causis, Hafniae 1755.
3. Bruun, Daniel: Fortidsminder og Nutidshjem paa Island, Kjøbenhav. 1897.
4. Golther, Wolfgang: Handbuch der germanischen Mythologie. Leipzig 1895.
5. Grimm, Jacob:
   1) Deutsche Mythologie, II. B., 4. Ausg. Berlin 1876.
   2) „Über die Verbrennung der Leichen". Abhandlungen der Kgl. Akademie der Wissenschaften. Berlin, Jahrgang 1849.
6. Guðmundsson, Valtyr:
   1) Privatboligen paa Island i Sagatiden, samt delvis I det øvrige Norden, Kjøbenhavn 1889.
   2) „Skandinadische Verhältnisse" in Pauls Grundriß, II. Aufl. Straßburg 1898.
7. Heinzel, Richard: „Beschreibung der Isländisch. Saga.": Sitzungsberichte der Phil. Klasse der kaiserl. Akademie der Wissensch. Wien, Jahrgang 1880.
8. Holmberg, Axel, Em. Nordbon under Hednatiden. Stockholm 1854.
9. Jónsson, Finnur: Den oldnorske og oldislandske litteraturhistorie, II. B. Kjøbenhavn 1897.
10. Kaalund, Kristian:
    1) Bidrag til en historisk-topografisk Beskrivelse af Island, II. B. Kjøbenhavn 1877.
    2) Familielívet paa Island I den første sagaperiode (indtil 1030). Kjøbenhavn 1870.
    3) Island`s Fortidslevninger (grave og gravefund) sertryk of Aarbøger fornord. Oldsk. og histor. 1882.
    4) „Skandinavische Verhältnisse" in Pauls Grundriß, II. Aufl. Straßburg 1898.
11. Keyser, R.: Efterladte skrifter, II. B., Nordmaendenes private Liv i Oldtiden. Christiania 1867.
12. Maurer, Konrad: Die Bekehrung des Norwegisch, Stammes zum

Christent. II. B. München 1855.
13. E. Mogk. Mythologie, pag. 1119 u ff. B. I. des Grundrisses v. Herm, Paul.
14. Montelius, 0. Sveriges Hednatid samt Medeltid. Stockholm 1877.
15. Müller, Pet. Erasmus: Sagabibliothek und Anmerkninger og inledende Afhandlinger, III. B. Kjøbenhavn 1817.
16. Müller, Sophus: Vor Oldtid (Danmarks forhistoriske Archaelogie. Kjøbenhavn 1897.
17. Saxonis grammatici historia Danica recensuit et commentariis illustravit Pet. Erasm. Müller. Havniae 1839.
18. Schlieben, Adolph, Hauptmann im Rh. Feld-Artillerie-Rgmt. Nr. 8: Das Pferd des Altertums. Neuwied und Leipzig 1867.
19. Steenstrup, Joh.: Danmark Riges historie. Kjøbenhavn 1899.
20. Strinnholm, A.M.: Wikingerzüge, Staatsverfassung und Sitten der alten Skandinavier. Aus dem Schwedischen von E. F. Frisch, Hamburg 1839.
21. Taciti Cornelii Germania, erläutert von Heinrich Schwetzer-Sidler. 3. Aufl. Halle a. S. 1879.
22. Thomsen, Wilhelm: Der Ursprung des russischen Staates; drei Vorlesungen. Deutsche Bearbeitung von L. Bornemann. Gotha 1879.
23. Weinhold, R.: Altnordisches Leben. Berlin 1856.

Ebenfalls im SEVERUS Verlag erhältlich:

Konrad Maurer
Island von seiner ersten Entdeckung bis zum Untergange des Freistaats
SEVERUS 2011/ 500 S./ 49,50 Euro
ISBN 978-3-86347-117-0

Geschrieben anläßlich der Feierlichkeiten der Isländer zur tausendjährigen Existenz ihrer Bevölkerung, entwirft Konrad Maurer ein opulentes Werk der Frühgeschichte Islands bis hin zum Übergang Islands unter die norwegische Herrschaft im 13. Jahrhundert.

Dem Rechtshistoriker, Philologen und Skandinavisten, der nicht zu Unrecht als einer der wichtigsten Förderer Islands gilt, gelingt es mit dem vorliegenden Werk, geschickt Wissen aus dreißig Jahren intensivem Studium von Rechts- und Geschichtsquellen mit der eigenen Liebe zu Land und Leuten zu verknüpfen.

www.severus-verlag.de

Ebenfalls im SEVERUS Verlag erhältlich:

Philipp Schweitzer
Island – Land und Leute
SEVERUS 2011 / 216 S. / 29,50 Euro
ISBN 978-3-86347-113-2

Mit der Beschreibung *Island – Land und Leute* widmete sich der Skandinavist Philipp Schweitzer (1846-1890) einem Herzensthema. Er, der durch seine *Geschichte der skandinavischen Literatur* zu einiger Bekanntheit kam, berichtet hier aus eigener Anschauung über alle Bereiche des isländischen Lebens um 1880. Neben Geographie und Gesellschaft haben besonders Geschichte, Literatur und die isländische Sprache sein Interesse gefunden.
Der Enthusiasmus Schweitzers, etwa bei der Beschreibung von vulkanischer Aktivität oder von Fährnissen bei der Reise in und um Island, ist für jeden Leser ein Genuß. Dazu berichtet Schweitzer viele weitere Details und Wissenswertes, sodass das Buch ganz in seinem Sinne „ein Handbuch [...] ist, welches das Wesentliche über Island und die Isländer mittheilt".

„... *Merkwürdiger aber sind die kochenden Schlammgruben. Aus Ritzen im Boden strömt dort heisser, schwefelsaurer Dampf und verwandelt die Erde ringsum zu einer weichen, schlammigen Masse, welche, erhitzt von den siedenden Dämpfen und von ihnen zuweilen hoch emporgeschleudert, in den entstanden Gruben wallt und bobbelt.*"

„... *Endlich im nächsten Sommer, nachdem sie, statt einen Tag, ein volles Jahr abwesend gewesen war, führte das erste die Insel umsegelnde Postschiff sie zu den Ihrigen zurück.*"

www.severus-verlag.de

Ebenfalls im SEVERUS Verlag erhältlich:

Joseph Calasanz Poestion
Isländische Dichter der Neuzeit in Charakteristiken und übersetzten Proben ihrer Dichtung
Mit einer Übersicht des Geisteslebens auf Island seit der Reformation
SEVERUS 2010 / 504 S./ 49,50 Euro
ISBN 978-3-86347-116-3

„Isländische Dichter der Neuzeit in Charakteristiken und übersetzten Proben ihrer Dichtung" galt lange als Standardwerk und war die erste umfassende Darstellung neuisländischer Literatur, als es 1897 erstmalig erschien.

Poestion zeichnet die Entwicklung der isländischen Sprache seit ihrem Entstehen und die Entwicklung der isländischen intellektuellen Welt seit der Reformation nach, um sich dann seinem eigentlichen Anliegen, der Darstellung der neuisländischen Literatur und Literaten, zu widmen. Hierzu gibt er nicht nur Kostproben der Dichtungen, sondern ebenfalls kurze biografische Überblicke über das Leben der jeweiligen Autoren und Dichter, darunter z. B. auch Jónas Hallgrímsson.

Mit dem vorliegenden Werk gelang es Joseph Poestion, der neuisländischen Literatur den weg in den deutschsprachigen Raum sowie in die Welt der internationalen Gelehrte zu ebnen. Poestion selbst wurde 1909 als „Ritter Islands" geehrt.

www.severus-verlag.de

Bisher im SEVERUS Verlag erschienen:

Achelis. Th. Die Entwicklung der Ehe * Die Religionen der Naturvölker im Umriß, Reihe ReligioSus Band V * **Andreas-Salomé, Lou** Rainer Maria Rilke * **Arenz, Karl** Die Entdeckungsreisen in Nord- und Mittelafrika von Richardson, Overweg, Barth und Vogel * **Aretz, Gertrude (Hrsg)** Napoleon I - Briefe an Frauen * **Ashburn, P.M** The ranks of death. A Medical History of the Conquest of America * **Avenarius, Richard** Kritik der reinen Erfahrung * Kritik der reinen Erfahrung, Zweiter Teil * **Beneke, Otto** Von unehrlichen Leuten: Kulturhistorische Studien und Geschichten aus vergangenen Tagen deutscher Gewerbe und Dienste * **Berneker, Erich** Graf Leo Tolstoi * **Bernstorff, Graf Johann Heinrich** Erinnerungen und Briefe * **Bie, Oscar** Franz Schubert - Sein Leben und sein Werk * **Binder, Julius** Grundlegung zur Rechtsphilosophie. Mit einem Extratext zur Rechtsphilosophie Hegels * **Bliedner, Arno** Schiller. Eine pädagogische Studie * **Birt, Theodor** Frauen der Antike * **Blümner, Hugo** Fahrendes Volk im Altertum * **Boos, Heinrich** Geschichte der Freimaurerei. Ein Beitrag zur Kultur- und Literatur-Geschichte des 18. Jahrhunderts * **Brahm, Otto** Das deutsche Ritterdrama des achtzehnten Jahrhunderts: Studien über Joseph August von Törring, seine Vorgänger und Nachfolger * **Brandes, Georg** Moderne Geister: Literarische Bildnisse aus dem 19. Jahrhundert. * **Braun, Lily** Lebenssucher * **Braun, Ferdinand** Drahtlose Telegraphie durch Wasser und Luft * **Brunnemann, Karl** Maximilian Robespierre - Ein Lebensbild nach zum Teil noch unbenutzten Quellen * **Büdinger, Max** Don Carlos Haft und Tod insbesondere nach den Auffassungen seiner Familie * **Burkamp, Wilhelm** Wirklichkeit und Sinn. Die objektive Gewordenheit des Sinns in der sinnfreien Wirklichkeit * **Caemmerer, Rudolf Karl Fritz Die** Entwicklung der strategischen Wissenschaft im 19. Jahrhundert * **Casper, Johann Ludwig** Handbuch der gerichtlich-medizinischen Leichen-Diagnostik: Thanatologischer Teil, Bd. 1 * Bd. 2 * **Cronau, Rudolf** Drei Jahrhunderte deutschen Lebens in Amerika. Eine Geschichte der Deutschen in den Vereinigten Staaten * **Cunow, Heinrich** Geschichte und Kultur des Inkareiches * **Cushing, Harvey** The life of Sir William Osler, Volume 1 * The life of Sir William Osler, Volume 2 * **Dahlke, Paul** Buddhismus als Religion und Moral, Reihe ReligioSus Band IV * **Dühren, Eugen** Der Marquis de Sade und seine Zeit. in Beitrag zur Kultur- und Sittengeschichte des 18. Jahrhunderts. Mit besonderer Beziehung auf die Lehre von der Psychopathia Sexualis * **Eckstein, Friedrich** Alte, unnennbare Tage. Erinnerungen aus siebzig Lehr- und Wanderjahren * Erinnerungen an Anton Bruckner * **Eiselsberg, Anton Freiherr von** Lebensweg eines Chirurgen * **Eloesser, Arthur** Thomas Mann - sein Leben und Werk * **Elsenhans, Theodor** Fries und Kant. Ein Beitrag zur Geschichte und zur systematischen Grundlegung der Erkenntnistheorie. * **Engel, Eduard** Shakespeare * Lord Byron. Eine Autobiographie nach Tagebüchern und Briefen. * **Ewald, Oscar** Nietzsches Lehre in ihren Grundbegriffen * Die französische Aufklärungsphilosophie * **Ferenczi, Sandor** Hysterie und Pathoneurosen * **Fichte, Immanuel Hermann** Die Idee der Persönlichkeit und der individuellen Fortdauer * **Fourier, Jean Baptiste Joseph Baron** Die Auflösung der bestimmten Gleichungen * **Frazer, James George** Totemism and Exogamy. A Treatise on Certain Early Forms of Superstition and Society * **Frey, Adolf** Albrecht von Haller und seine Bedeutung für die deutsche Literatur * **Frimmel, Theodor von** Beethoven Studien I. Beethovens äußere Erscheinung * Beethoven Studien II. Bausteine zu einer Lebensgeschichte des Meisters * **Fülleborn, Friedrich** Über eine medizinische Studienreise nach Panama, Westindien und den Vereinigten Staaten * **Gmelin, Johann Georg** Quousque? Beiträge zur soziologischen Rechtsfindung * **Goette, Alexander** Holbeins Totentanz und seine Vorbilder * **Goldstein, Eugen** Canalstrahlen * **Graebner, Fritz** Das Weltbild der Primitiven: Eine Untersuchung der Urformen weltanschaulichen Denkens bei Naturvölkern * **Griesinger, Wilhelm** Handbuch der speciellen Pathologie und Therapie: Infectionskrankheiten * **Griesser, Luitpold** Nietzsche und Wagner - neue Beiträge zur Geschichte und Psychologie ihrer Freundschaft * **Hanstein, Adalbert von** Die Frauen in der Geschichte des Deutschen Geisteslebens des 18. und 19. Jahrhunderts * **Hartmann, Franz** Die Medizin des Theophrastus Paracelsus von Hohenheim * **Heller, August** Geschichte der Physik von Aristoteles bis auf die neueste Zeit. Bd. 1: Von Aristoteles bis Galilei * **Helmholtz, Hermann von** Reden und Vorträge, Bd. 1 * Reden und Vorträge, Bd. 2 * **Henker, Otto** Einführung in die Brillenlehre * **Henne am Rhyn, Otto** Aus Loge und Welt: Freimaurerische und kulturgeschichtliche Aufsätze * **Jahn, Ulrich** Die deutschen Opfergebräuche bei Ackerbau und Viehzucht. Ein Beitrag zur Deutschen Mythologie und Altertumskunde * **Kalkoff, Paul** Ulrich von Hutten und die Reformation. Eine kritische Geschichte seiner wichtigsten Lebenszeit und der Ent-

www.severus-verlag.de

scheidungsjahre der Reformation (1517 - 1523), Reihe ReligioSus Band I * **Kaufmann, Max** Heines Liebesleben * **Kautsky, Karl** Terrorismus und Kommunismus: Ein Beitrag zur Naturgeschichte der Revolution * **Kerschensteiner, Georg** Theorie der Bildung * **Kotelmann, Ludwig** Gesundheitspflege im Mittelalter. Kulturgeschichtliche Studien nach Predigten des 13., 14. und 15. Jahrhunderts * **Klein, Wilhelm** Geschichte der Griechischen Kunst - Erster Band: Die Griechische Kunst bis Myron * **Krömeke, Franz** Friedrich Wilhelm Sertürner - Entdecker des Morphiums * **Külz, Ludwig** Tropenarzt im afrikanischen Busch * **Leimbach, Karl Alexander** Untersuchungen über die verschiedenen Moralsysteme * **Liliencron, Rochus von / Müllenhoff, Karl** Zur Runenlehre. Zwei Abhandlungen * **Mach, Ernst** Die Principien der Wärmelehre * **Mackenzie, William Leslie** Health and Disease * **Maurer, Konrad** Island von seiner ersten Entdeckung bis zum Untergange des Freistaats * **Mausbach, Joseph** Die Ethik des heiligen Augustinus. Erster Band: Die sittliche Ordnung und ihre Grundlagen * **Mauthner, Fritz** Die drei Bilder der Welt - ein sprachkritischer Versuch * **Meissner, Franz Hermann** Arnold Böcklin * Meyer, Elard Hugo Indogermanische Mythen, Bd. 1: Gandharven-Kentauren * **Müller, Adam** Versuche einer neuen Theorie des Geldes * **Müller, Conrad** Alexander von Humboldt und das Preußische Königshaus. Briefe aus den Jahren 1835-1857 * **Naumann, Friedrich** Freiheitskämpfe * **Oettingen, Arthur von** Die Schule der Physik * **Ossipow, Nikolai** Tolstois Kindheitserinnerungen. Ein Beitrag zu Freuds Libidotheorie * **Ostwald, Wilhelm** Erfinder und Entdecker * **Peters, Carl** Die deutsche Emin-Pascha-Expedition * **Poetter, Friedrich Christoph** Logik * **Popken, Minna** Im Kampf um die Welt des Lichts. Lebenserinnerungen und Bekenntnisse einer Ärztin * **Prutz, Hans** Neue Studien zur Geschichte der Jungfrau von Orléans * **Rank, Otto** Psychoanalytische Beiträge zur Mythenforschung. Gesammelte Studien aus den Jahren 1912 bis 1914. * **Ree, Paul Johannes** Peter Candid * **Rohr, Moritz von** Joseph Fraunhofers Leben, Leistungen und Wirksamkeit * **Rubinstein, Susanna** Ein individualistischer Pessimist: Beitrag zur Würdigung Philipp Mainländers * Eine Trias von Willensmetaphysikern: Populär-philosophische Essays * **Sachs, Eva** Die fünf platonischen Körper: Zur Geschichte der Mathematik und der Elementenlehre Platons und der Pythagoreer * **Scheidemann, Philipp** Memoiren eines Sozialdemokraten, Erster Band * Memoiren eines Sozialdemokraten, Zweiter Band * **Schleich, Carl Ludwig** Erinnerungen an Strindberg nebst Nachrufen für Ehrlich und von Bergmann * Das Ich und die Dämonien * **Schlösser, Rudolf** Rameaus Neffe - Studien und Untersuchungen zur Einführung in Goethes Übersetzung des Diderotschen Dialogs * **Schweitzer, Christoph** Reise nach Java und Ceylon (1675-1682). Reisebeschreibungen von deutschen Beamten und Kriegsleuten im Dienst der niederländischen West- und Ostindischen Kompagnien 1602 - 1797. * **Schweitzer, Philipp** Island - Land und Leute * **Sommerlad, Theo** Die soziale Wirksamkeit der Hohenzollern * **Stein, Heinrich von** Giordano Bruno. Gedanken über seine Lehre und sein Leben * **Strache, Hans** Der Eklektizismus des Antiochus von Askalon * **Sulger-Gebing, Emil** Goethe und Dante * **Thiersch, Hermann** Ludwig I von Bayern und die Georgia Augusta * Pro Samothrake * **Tyndall, John** Die Wärme betrachtet als eine Art der Bewegung, Bd. 1 * Die Wärme betrachtet als eine Art der Bewegung, Bd. 2 * **Virchow, Rudolf** Vier Reden über Leben und Kranksein * **Vollmann, Franz** Über das Verhältnis der späteren Stoa zur Sklaverei im römischen Reiche * **Volkmer, Franz** Das Verhältnis von Geist und Körper im Menschen (Seele und Leib) nach Cartesius * **Wachsmuth, Curt** Das alte Griechenland im neuen * **Weber, Paul** Beiträge zu Dürers Weltanschauung * **Wecklein, Nikolaus** Textkritische Studien zu den griechischen Tragikern * **Weinhold, Karl** Die heidnische Totenbestattung in Deutschland * **Wellhausen, Julius** Israelitische und Jüdische Geschichte, Reihe ReligioSus Band VI ***Wellmann, Max** Die pneumatische Schule bis auf Archigenes - in ihrer Entwickelung dargestellt * **Wernher, Adolf** Die Bestattung der Toten in Bezug auf Hygiene, geschichtliche Entwicklung und gesetzliche Bestimmungen * **Weygandt, Wilhelm** Abnorme Charaktere in der dramatischen Literatur. Shakespeare - Goethe - Ibsen - Gerhart Hauptmann * **Wlassak, Moriz** Zum römischen Provinzialprozeß * **Wulffen, Erich** Kriminalpädagogik: Ein Erziehungsbuch * **Wundt, Wilhelm** Reden und Aufsätze * **Zallinger, Otto** Die Ringgaben bei der Heirat und das Zusammengeben im mittelalterlich-deutschem Recht * **Zoozmann, Richard** Hans Sachs und die Reformation - In Gedichten und Prosastücken, Reihe ReligioSus Band III

www.severus-verlag.de